MariaDB
マリア
ガイドブック

はじめに

　この本は、「MariaDB」の概要から、簡単なリファレンスまでをまとめたものです。

*

　年々シェアを大きく拡大している「MariaDB」ですが、扱っている書籍は、多くはありません。日本はもちろん、海外でも書籍は少ないです。

　その理由の1つは、進化し続ける機能にあります。

　「MariaDB」は、バージョンが上がるごとに、ユニークな機能が追加されており、それらを把握するのが難しいのです。

　一方で、そのユニークな機能こそが、「MariaDB」の魅力です。

　「10.2」以降の追加機能に限っても、「システム・バージョニング」や、「Oracleモード」「JSONのサポート」など、数多くの機能が追加されました。

※本書は、「MariaDB」のバージョン「10.4」に対応したものです。

*

　「MariaDB」は、「MySQL」の開発者であるウィデニウス氏によって開発されたオープンソースの「RDBMS」です。

　「MySQL」と「MariaDB」は、生い立ちが姉妹のような関係であるばかりでなく、お互いに機能を寄せ合う傾向にあるため、使える「SQL文」もほぼ同じですし、「デーモン」の名前も同じです。

　「MariaDB」は、開発当初こそ、"MySQLのカスタム版"のような位置づけでしたが、現在では、「MariaDB」が先行することが多く、開発チームのフットワークの軽さが見て取れます。「MySQL」とは、袂を分けたことによって、その速度が上がったのでしょう。

*

　「MariaDB」は、なかなか面白い「RDBMS」です。今までプログラムでやらなければならなかったことや、調整が必要だったようなことも、簡単に実現できます。

　ぜひ、実際に触って、その良さを実感してください。

小笠原種高

MariaDBガイドブック

CONTENTS

はじめに ……………………………………………………………………………… 3
付録PDFのダウンロード ……………………………………………………………… 6

第1章 「MariaDB」の概要
[1-1] 「MariaDB」の基本 ………………………………………………………… 8
[1-2] 「MariaDB」の各バージョンと機能 ……………………………………… 12
[1-3] 本書の構成 ……………………………………………………………… 19

第2章 「MariaDB」のインストールとライブラリ
[2-1] 「データベース・サーバ」の構成とユーザー ……………………………… 22
[2-2] 「MariaDB」のインストール ……………………………………………… 30

第3章 データベース作成とSQLの基礎
[3-1] データベースを作る流れ ………………………………………………… 42
[3-2] 「データベース」と「テーブル」を作る …………………………………… 50
[3-3] レコードの操作 …………………………………………………………… 55
[3-4] 複雑なレコードの操作 …………………………………………………… 61
[3-5] サブクエリ ………………………………………………………………… 64

第4章 「MariaDB」の各種機能
[4-1] 「命名規則」と「特殊な文字」の表現 …………………………………… 68
[4-2] 「制約」と「インデックス」「パーティション」 ……………………………… 71
[4-3] 「トランザクション」と「ロック」 …………………………………………… 77
[4-4] ビューと表示 ……………………………………………………………… 81
[4-5] データベースの便利な機能 …………………………………………… 84
[4-6] 「更新履歴」を残すテーブル機能 ……………………………………… 87
[4-7] ユーザーと権限 ………………………………………………………… 90

第5章 「MariaDB」のSQLリファレンス
[5-1] データベースに関わる「SQL」 ………………………………………… 96
[5-2] テーブルに関わるSQL①(作成・削除・表示) ……………………… 101
[5-3] テーブルに関わる「SQL」②(「テーブル属性」の変更) ……………… 110
[5-4] レコードに関わるSQL(INSERT・SELECT・UPDATE・DELETE) …… 116
[5-5] 便利な機能のSQL(INDEX・VIEW・TRANSACTION・LOCK) …… 124
[5-6] プログラムの実行機能のSQL ………………………………………… 132
[5-7] ユーザーに関わるSQL ……………………………………………… 136
[5-8] 保守運用に関わるSQL ……………………………………………… 147

第6章 データ型・演算子・関数
[6-1] データ型 ………………………………………………………………… 154
[6-2] 特殊な文字を表現したいとき ………………………………………… 158
[6-3] 演算子 …………………………………………………………………… 159
[6-4] 関数 ……………………………………………………………………… 161
[6-5] 集約関数(グループ関数) …………………………………………… 169

巻末補足 ……………………………………………………………………………… 171
索引 …………………………………………………………………………………… 173

付録 PDF のダウンロード

　工学社のサポートページから、サーバ構築の方法を解説した**付録PDF**ファイルがダウンロードできます。

http://www.kohgakusha.co.jp/support.html

　下記のパスワードを入力して、ZIPファイルを解凍してください。

TReQ457Bg

※すべて半角で、大文字小文字に注意して入力してください。

●各製品名は、一般的に各社の登録商標または商標ですが、®およびTMは省略しています。

「MariaDB」の概要

「MariaDB」は、「MySQL」の開発者であるミカエル・ウィデニウス氏によって開発されたオープンソースの「RDBMS」です。「MySQL」と姉妹のような関係でありながら、魅力的な機能を多く実装しています。

この章では、「MariaDB」の概要と構造、「MySQL」との違いについてお話していきます。

第1章 「MariaDB」の概要

1-1 「MariaDB」の基本

■「MariaDB」とは

「MariaDB」は、「MySQL」の開発者であるミカエル・ウィデニウス氏によって開発された「オープンソース」の「RDBMS」(リレーショナルデータベース管理システム)です。

「MySQL」[1]とは、別々の開発環境ではありますが、お互いに機能を寄せ合う傾向にあるため、"姉妹"[2]のようなデータベースと言えるでしょう。「SQL文」も、ほぼ同じものが使えます。

当初は、「MySQL」を改良したものをリリースしていたため、派生RDBMSとしての位置づけが強かったのですが、「バージョン10」以降は、むしろ「MariaDB」が先行し、「MySQL」がそれに追従する形になっています。

また、それに併せて、Linuxの各ディストリビューションも、メインのRDBMSを「MySQL」から「MariaDB」に移行する動きがあり、近い将来、「MariaDB」のシェアが「MySQL」を追い越して[3]いく可能性があります。

【「MariaDB」 公式ナレッジベース】
```
https://mariadb.com/kb/en/
```

---

[1] 「MySQL」の開発主体であった「MySQLAB」が、2008年2月26日に当時のサン・マイクロシステムズに買収され、その後、サン・マイクロシステムズがオラクルに吸収合併されたため、現在はオラクルになっている。
[2] 「MySQL」の「マイ」は、ウィデニウス氏の長女の名前による。「MariaDB」の「マリア」も同氏の次女の名前なので、名称からも姉妹であることが感じられる。
[3] 日本では、「PostgreSQL」の人気も強いが、世界的には、「MySQL」のシェアはかなり大きい。「Yahoo!」や「Twitter」などの大きなウェブサイトで使われており、「WordPress」なども、「MySQL」を使っている。

[1-1] 「MariaDB」の基本

■ リリース一覧

「MariaDB」は、おおよそ一年程度のペースで最新版が開発されています。

2019年現在の安定版は、「10.4」です。現在「10.5」の開発が開始されています。

上にも書きましたが、「MySQL」と互いに機能を寄せ合う傾向にあり、それぞれのバージョンが対応しています。

「MariaDB 5.1～5.3」に関しては、「MySQL5.1」をベースに開発されたため、上位互換のような位置づけです。

「MariaDB 10.0」以降は、「MariaDB」のオリジナル要素が強くなり、ソースコードの類似性も下がってきています。ただし、機能的な面は、あまり変わりがありません。

「MySQL」も、「ver8.0」より大きく変更があり、先行している「MariaDB」に追従する形になっています。

MariaDBバージョン	リリース日	比較対象となる「MySQL」のバージョン
MariaDB 10.5	開発中	-
MariaDB 10.4	2019月6月	MySQL 8.0
MariaDB 10.3	2018年5月	MySQL 5.7、8.0
MariaDB 10.2	2017年5月	MySQL 5.7
MariaDB 10.1	2015年10月	MySQL 5.6
MariaDB 10.0	2014年3月	MySQL 5.6
MariaDB 5.5	2012年4月	MySQL 5.5
MariaDB 5.3	2012年2月	MySQL 5.1
MariaDB 5.2	2010年11月	MySQL 5.1
MariaDB 5.1	2010年2月	MySQL 5.1

「MariaDB」と「MySQL」の比較については、公式サイトにも詳しく載っています。

そのものズバリの「System variable differences between MariaDB 10.* and MySQL *」というドキュメントが公式ナレッジベースに用意されているので、移行したい場合は、こちらで確認するといいでしょう。

9

| 第1章 | 「MariaDB」の概要 |

【MySQL vs MariaDB: Performance & Feature Differences】

https://mariadb.com/kb/en/library/mariadb-vs-mysql-features/

　「MariaDB」で情報が集めづらい場合は、「MySQL」で調べるのも1つの方法です。
　「MySQL」公式ドキュメンテーションが日本語で提供されている他、有志による情報も、ネット上に多く存在します。

【「MySQL」　公式ドキュメンテーション】

https://dev.mysql.com/doc/

■ Linuxのディストリビューションとサポート

　「MariaDB」は、さまざまなOSで動きます。

　主要なLinuxディストリビューション[1]をサポートしており、「MariaDB」公式サイトでは、それぞれのディストリビューション向けのパッケージを提供したり、インストール方法が解説されたりしています。
　Linuxディストリビューション側にも、「MariaDB」をインストールするためのパッケージが同梱されています。

●「MariaDB」による「Linuxディストリビューション」のサポート

　「MariaDB」では、以下のLinuxディストリビューションを公式にサポートしています。
　「MariaDB TXサブスクリプション」によって、有料のサポートも受けられます。

1　Linuxのパッケージ。「カーネル」と呼ばれる根幹の部分はLinux公式から提供されているが、周辺の機能を含むパッケージは、各ディストリビュータが提供している。「RedHat」や「CentOS」「Ubuntu」などが有名。

[1-1] 「MariaDB」の基本

・「MariaDB」が公式にサポートしているディストリビューション

Red Hat Enterprise Linux (RHEL) 7
CentOS 7
Debian 8 (Jessie)
Debian 9 (Stretch)
Ubuntu 16.04 LTS (Xenial)
Ubuntu 18.04 LTS (Bionic)
SUSE Linux Enterprise Server (SLES) 12
SUSE Linux Enterprise Server (SLES) 15

●ディストリビューションがパッケージに含めているバージョン

　各Linuxディストリビューションのパッケージに含まれているかどうかは、バージョンによって異なります。

　サーバOSとしてメジャーなディストリビューションの1つである「RedHat/CentOS」は、「ver7」からデーモンに関するコマンド体系に大きく変更がありました。

　そして、同時に、パッケージに含まれる「RDBMS」も、「MySQL」から「MariaDB」に変更になりました。

　これらのパッケージに含まれるバージョンは、「yum」や「apt」などのインストールコマンドで簡単にインストールできますが、バージョンは、見ての通り、やや古いものが採用されています。

　そのため、新しいバージョンを使う場合は、「MariaDB」のサイトからダウンロードしてインストールするといいでしょう。

Linuxのディストリビューション	「MariaDB」または「MySQL」
RedHat/CentOS ver6系	MySQL 5.1
RedHat/CentOS ver7系	MariaDB 5.5
Ubuntu	MySQL 5.7／MariaDB 10.0
Debian ver8系	MySQL 5.5
Debian ver9系	MariaDB 10.1

11

第1章 「MariaDB」の概要

1-2 「MariaDB」の各バージョンと機能

■「MariaDB」の各バージョンと機能

「MariaDB」は、もともと「MySQL」から派生しているため、「MySQL」に備わっている機能は、ほとんどあると言っていいでしょう。

基本的に、先行していることが多いので、「MySQL」にはなくて「MariaDB」にのみ存在する機能も多くあります。

*

下に「MariaDB各バージョン」での、特徴的な追加機能を並べました。

他の「RDBMS」との互換性向上に積極的であるため、他の製品にある機能は、取り入れられる傾向にあります。

どの機能も便利ですが、特に注目すべきものとして、「ver10.3」から導入された「システム・バージョニング機能」や「Oracleモード」などは、他の「RDBMS」にない機能です。

他にも、使い込むと便利な機能が多いので、確認しておくといいでしょう。

公式ナレッジベースの「Changes and Improvements in MariaDB*」に詳しい情報が記載されています。

【MariaDB Releases】

https://mariadb.com/kb/en/library/mariadb-releases/

[1-2] 「MariaDB」の各バージョンと機能

MariaDB	MySQL	項　目	概　要
5.2	-	Viewの最適化	「Table Elimination」という機能により、複数のテーブルから「View」を作る際、利用データのないテーブルは参照しないという最適化。
5.2	5.7	仮想列	同じテーブルの1つあるいは複数の他のフィールド由来の値を新しいフィールドに保存できる機能。「MariaDB」と「MySQL」では、扱いが若干異なる。
5.2	(不明)	拡張ユーザー統計	ユーザーの統計情報をとる機能。「10.1」ではSSL統計なども追加された。デフォルトでは停止しているのでSTARTする必要がある。
5.3	-	ユーザークエリの強制終了	指定されたユーザーのすべてのクエリを強制終了する。
5.3	(不明)	動的列のサポート	動的に列を作ることが可能となった。
10	-	指定したIDのクエリの強制終了	指定されたIDのクエリを強制終了する。
10	5.6	Global Transaction ID	トランザクションにID(GTID)を持たせることによって、レプリケーションの進行具合をGTIDで管理できるようになるという機能。「MariaDB」と「MySQL」のGTIDには互換性がない。
10	(不明)	SHOW EXPLAINの拡張	別のスレッドで実行されているクエリのEXPLAINプランを示す。
10	8	ロール	事前に権限を設定した「役割」を作成し、ユーザーに「役割」を適用してアクセス権を制御できる。
10	-	正規表現エンジンの変更	正規表現エンジンの変更による正規表現の機能強化。
10	-	削除結果の取得	「DELETE ... RETURNING構文」を使うと、削除対象が1つのテーブルの場合、削除結果を返す。
10.2	8	ウィンドウ関数のサポート	ウィンドウ関数を使って「グループ化」や「集計処理」ができる。

第1章 「MariaDB」の概要

10.2	5.7	CREATE USER の変更	「CREATE USER」関連が更新。「CREATE USER」でユーザー作成が必須となった。
10.2	8	WITH 構文の導入	「WITH構文」を使って、再帰的にデータを扱うことが可能となった。
10.2	-	BLOB列やテキスト列の初期値設定	BLOB列 (BLOB型:巨大バイナリデータ型というデータ型) とTEXT列に初期値を設定できるようになった。
10.2	-	動的SQLの実行	Oracleのように、文字列から動的にSQLを生成できるようになった。
10.2	5.7	JSONのサポート	テーブルのデータを「JSON形式」で追加したり表示できる。
10.3	なし	システムバージョニングテーブル	データ更新日時を記録し、データの履歴を保存できる機能。
10.3	なし	Oracleモード	「Oracle Database」のSQLが使えるモード。
10.3	なし	テーブル値コンストラクタ	データの組み合わせを、その場で生成できる機能。
10.3	なし	アグリケーションファンクション	ストアドファンクションとして集計関数を定義できる機能。
10.3	なし	シーケンス	連番を生成する機能。
10.3	なし	FORループ	「FOR構文」を使ってループできる機能。
10.4	なし	アプリケーション期間テーブル	「システム・バージョニング」と似ているが、時刻を任意に設定できる。
10.4	8	認証機能の大幅な変更	認証機能の刷新。既定では従来のアプリケーションが利用できなくなることもあり、設定変更が必要なケースがある。
10.4	-	Galera Cluster バージョン変更	クラスタリングをサポートする「Galera Cluster」が「バージョン4」になった。

なお、「ver10.4」から認証方式が変更になっています。
今までのものとの互換性がないので、注意してください。

14

■「MariaDB」の特徴と特に注目すべき機能

「MariaDB」のみ、または、「MariaDB」と「MySQL」に特徴的な機能について説明しておきます。

*

最近では、どの「RDBMS」も互いに機能を追加してきているので、大きな違いというものは減る傾向にあります。

特に、SQLは、独自のものではなく、互換のあるものなので、自ずと機能も近寄っていくわけです。

そもそも論として、データベースの操作は、手動でSQLを実行するのではなく、プログラムに組み込み、データベースシステムの一部として使われるものなので、システムやプログラムが要求するものを機能として実装していくからでしょう。

ただし、それでも、「MySQL」は、世界で最もシェアの大きい「RDBMS」ですから、それに応じた便利さもあります。

日本では、「PostgreSQL」[1]の人気が高いですが、海外製のよく使われるソフトに「MySQL」が採用されているのには、それなりの理由があります。

●並列性の高さ

「DDL」(データベースの変更)を、ブロックせずに実行できるので、他のデータベース操作中に実行してしまっても、パフォーマンスに大きな影響を与えません。

また、トランザクション操作の際に、できるだけロックをかけないような動作になっています。

●分散のしやすさ

複数サーバで分散しやすくなっています。

たとえば、「シャーディング」という機能を使えば、テーブルをある範囲ごとに分割して、それぞれ別の「データベース・サーバ」で分散処理するようなことが容易にできます。

---

1 「PostgreSQL」はやや自由度が下がるものの、きっちりできるので、日本人好み。自社開発の業務システムなどは、圧倒的に「PostgreSQL」使用率が高い。

第1章　「MariaDB」の概要

●「データベース・エンジン」の選択

「データベース・エンジン」を複数の中から選べるため、用途に応じて、エンジンを変更できます。

たとえば、「Memoryストレージ・エンジン」[1]を使うと、超高速なデータベースを作成できます。

●バキューム不要

データの更新は追記型ではないので、何度更新しても、そのゴミが貯まりにくくなっています。

そのため、「追記型」のデータベース[2]に必要になる「バキューム」などの操作が要りません。

●プログラムのシンプルさと、多様性

もともと組み込みで使われていたため、プログラムがシンプルで小さい傾向にあります。

構文もシンプルなので、高度なことができない場面があるかもしれませんが、高速です。

また、互換性を意識したつくりであるため、複数の記述方法に対応しています。

●システムバージョニング・テーブル（ver10.3より）

「システムバージョニング・テーブル」は、データ変更の履歴を保存するのに便利です。

従来、データを更新する場合、上書きするのが基本で、システム的に、前の値を別の場所に保存しておくなどしないと、前の値を残すことはできませんでした。

しかし、「システム・バージョニング」を有効にすれば、前の値が残り、「いつのデータが欲しい」と明示的に指定することで、そのときのデータを取得できるようになります。

1　メモリ型なので、高速だが、データベースサーバーが終了すると、そのデータは消える。高速で処理したい時などに便利

2　代表的な追記型RDBMSは「PostgreSQL」。以前は、バキュームが必要だったが、現在は、自動で行われている。

[1-2] 「MariaDB」の各バージョンと機能

●Oracleモード(ver10.3より)

「Oracleモード」は、商用データベースの「Oracle」との互換性を有効にするモードです。

「Oracle」独自の構文を使えるほか、独自のストアドプロシージャ言語の「PL/SQL」も実行になるため、「Oracle」からの移行がしやすくなります。

●JSONのサポート(ver10.2より)

プログラムでよく使う「JSONデータ」を、そのまま文字列としてデータベースに書き込んでおき、さまざまなJSON操作できるので、データを処理するプログラムをシンプルにかけます。

●シーケンステーブル(ver10.3より)

「PostgreSQL」などでは連番を管理するために、「シーケンス」という機能があります。

「MySQL」や「MariaDB」にもオートナンバー機能として連番を生成する機能はありましたが、「10.3」より別のテーブルで扱えるようになりました。

これにより、現在の連番の値を確認したり、連番の振り直しをしたりする操作が容易になります。

■「MariaDB」の構造

「MariaDB」はやや特徴的な構造をしています。

まず、「ストレージ・エンジン」が複数の種類から選べるため、エンジンによって、サポートしている機能とそうでない機能が存在します。これは、「MySQL」も同じです。

また、奇妙に聞こえますが、「MySQL」との互換の関係上、デーモンの名前が「mysqld」です。

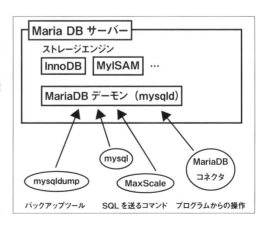

第1章　「MariaDB」の概要

こうした点が、若干、癖があるように感じるかもしれませんが、普通に使うぶんには、気にする必要はありません。

●ストレージ・エンジン

「ストレージ・エンジン」とは、データの読み書きを担当するプログラムです。

「MariaDB」「MySQL」では、複数の中から選択できます。

「InnoDB」や「MyISAM」などがありますが、基本的には、「InnoDB」を使えば問題ありません。

・InnoDB

「MySQL」「MariaDB」で一般的な「データベース・エンジン」です。

「WAL」によって「トランザクション・ログ」を書き込んでいるため、データ書き込み時の障害が発生したときも、自動復旧できます。

・MyISAM

「MySQL」の初期の頃からあるエンジン。

システムが小さく、ファイルコピーだけでデータを移行できるなどのメリットがありますが、テーブル全体にロックをかけるため、同時実効性が落ちるので、最近では、あまり使われません。

・Aria

「MariaDB」によって改良された「MyISAM」です。

・XtraDB

「MariaDB」が改良した、InnoDBの改良版です。

「MariaDB 10.1」までは「XtraDB」が使われていたのですが、「MariaDB 10.2」からは「InnoDB」がデフォルトになりました。

●MariaDBデーモン

「MariaDB」を構成するプログラムです。

サーバ上で裏で実行されるデーモンとして動作します。

● mysqldump

データベースをバックアップするときに使うツールです。

● mysql／MaxScale

「MariaDB」をコマンドから操作するときに使うツールです。

「mysql」は一般的なコマンド、「MaxScale」は追加でインストールする、もう少し高度なツールです。

● MariaDB コネクタ

Javaで作られたプログラムやWindowsマシンなどから接続するときに使うプログラムです。

1-3　本書の構成

「MariaDB」は、その経緯から、データベースをはじめて触る人もいれば、「MySQL」から移行したい人、「PostgreSQL」や「Oracle Database」のような他のデータベースには詳しいけれど、「MariaDB」ははじめてである人…など、皆さんのバックグラウンドはさまざまでしょう。

「SQL」は、「RDBMS」に完全な固有ではなく、ある程度の互換性のあるものですから、「MySQL」でなくとも、他のデータベースを触ったことのある人には、自明の内容も多くあります。

「MySQL」に詳しい方に至っては、よく知っていることも多いはずです。

*

下に本書の構成を示しておきます。データベース経験者は、参考にして読み進んでください。

●第1章　「MariaDB」の概要

> 「MariaDB」の概要、特徴、リリース状況など。

●第2章　「MariaDB」のインストールとライブラリ

> 「MariaDB」インストールの手順。

第1章　「MariaDB」の概要

●第3章　データベース作成とSQLの基礎

基本的なデータベース作成の流れや、「SQL文」の基礎。

「MySQL」や他のRDBMSなどで、データベースの操作に慣れている場合は、簡単な確認のみでよいでしょう。逆に完全な初心者の場合は、この内容に加え、他書で、SQL操作の基本を学ぶことをお勧めします。

「MariaDB」の書籍は少ないですが、「MySQL」の本は多く出ています。初心者の扱う内容程度であれば、ほぼ同じなので、そちらも参考にしてください。

●第4章　「MariaDB」の各種機能

「ストアドルーチン」や「トリガー」など、データベース操作の基礎のうち、「RDBMS」ごとに挙動が異なりやすい機能をまとめてあります。

●第5章　「MariaDB」のSQLリファレンス

リファレンス形式で、「MariaDB」で使用できるSQLを抜粋しています。

すべてを網羅していませんが、おおよそよく使うものをまとめてあります。

●第6章　データ型・演算子・関数

「データ型」や「演算子」など。

他のRDBMSでも共通のものも多いので、データベース操作に慣れている場合は、資料的に確認するだけでいいでしょう。

第2章

「MariaDB」の
インストールとライブラリ

> 何事も、実際にやってみるのが一番です。
> この章では、「MariaDB」を学習する環境を整えます。
>
> 「MariaDB」は、Windowsにも入れられますが、実際に使う環境を考えると、Linux上に入れるほうがいいでしょう。
> 本書では、Linux上に入れたものとして解説をしていきます。

第2章 「MariaDB」のインストールとライブラリ

2-1 「データベース・サーバ」の構成とユーザー

　この章では、「データベース」および「テーブル」の作成と、簡単な「レコード」の操作を行ないます。

　他のデータベースを操作したことがある方は、「MariaDB」での流れを確認しながら、読み流してしまってもかまいません。ここで使ったコマンドは、5章にて、オプションなども含め、改めてまとめています。

　逆に、まったくデータベースを触ったことのない初心者の方には、分かりづらい箇所があるかもしれません。
　「MariaDB」の情報は少ないですが、「MySQL」に関する書籍やウェブサイトは多いので、そうしたもので補完しながら読み進めるといいでしょう。

■「データベース・サーバ」の構成

　「データベース・サーバ」[1]とは、「データベース機能を提供するもの」のことです。「Webサーバ」や「FTPサーバ」など、他のサーバと同じ筐体に入れることもできます。

＊

　「MariaDB」は、「LinuxOS」[2]上にインストールする例が多いですが、「BSD系」や「Windows OS」にも入れることができます。

　本書では、無償の「CentOS」上にインストールして進めていきます。

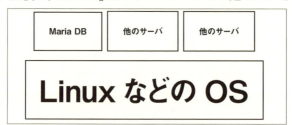

1　「サーバ」(server)とは、「提供するもの」という意味。
「データベース・サーバ」なら「データベースを提供するもの」、「Webサーバ」なら「ウェブ機能を提供するもの」となる。「ビール・サーバ」も、ビールを提供するので、そう呼ばれる。
2　「LinuxOS」として有名なのは、有償なら「RedHat」、無償なら「CentOS」や「Ubuntu」など。

■「データベース」の操作とユーザーの作成

インストール手順に入る前に、簡単にデータベース操作について説明しておきます。

データベースの初期操作は、サーバで行ないます。

そのため、まずはサーバに、ログインする必要があります。

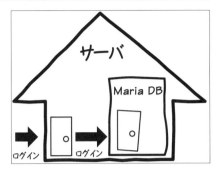

サーバにログインした後、さらに「Maria DB」にログインします。

「サーバ」を「家」とすれば、「MariaDB」は「**部屋**」のようなものです。

「部屋」の中を操作するには、まず「家」(サーバ)に入り、それから「部屋」(MariaDB)に入る、というわけです。

●サーバでの操作

サーバでは、「**MariaDBのインストール**」や「**自動起動の設定**」など、「MariaDB」のソフト自体に対する操作を行ないます。

「MariaDB」の設定をするには、まず**サーバに入ります**[1]。

「**一般ユーザーの作成**」や「**パスワードの設定**」は、サーバにログインした状態で行ないます。

サーバの初期設定では、ユーザーとして「rootユーザー」のみが存在します。

＊

「rootユーザー」は、サーバに全体に対し、すべての操作ができるユーザー[2]です。

「rootユーザー」を誰彼かまわず使わせてしまうと、事故の元になりやすいですし、「サーバ管理者」であっても、うっかりミスをする可能性があります。

そのため、「rootユーザー」でなくてはできないことだけを「rootユーザー」

---

1 ユーザーの作成などの初期設定がすめば、プログラムやツールなどから直接、「MariaDB」にネットワーク経由で接続できるようになる。その場合、「サーバ」へのログインは不要。
2 「Ubuntu」の場合は、セキュリティ上の理由から「rootユーザー」がない。「一般ユーザー」でログインし、「sudo」コマンドを使って管理者権限に切り替えて、操作する。

第2章 「MariaDB」のインストールとライブラリ

で行ない、他のことは「一般ユーザー」を作って、「root」よりも制限された権限で行なうのが普通です。

*

今回も、「一般ユーザー」を作り、基本的には**「一般ユーザー」**で操作しましょう。

表 「サーバ」のユーザーの例

ユーザーの種類	ユーザー名	本書でのパスワード
root ユーザー	root	rsvpass
一般ユーザー	chiro	csvpass

本書では、サーバ名を「smilodon」としています。

表 「サーバ名」の例

サーバ名	smilodon

ログインは、「ユーザー名」と「パスワード」を入力して行ないます。
Linux系OSのログアウトのコマンドは、「exit」または「logout」です。

表 「サーバ」への「ログイン」「ログアウト」のコマンド

項 目	操 作
サーバへのログイン	「ユーザー名」と「パスワード」を使ってログイン
サーバからのログアウト	exit、または logout
サーバの終了	shutdown –h now
サーバの再起動	shutdown –r now

通常の本番のサーバの場合は、基本的に電源を落とさないことが多いですが、「VirtualBox」などの仮想環境やテスト環境など、電源を落としたい場合は、「shutdown コマンド」を使って、サーバ自体を終了させます。

●「MariaDB」での操作

「MariaDB」を操作するには、「ユーザー名」と「パスワード」が必要です。

「家に入る鍵」と「部屋に入る鍵」の両方が必要なように、「サーバの操作を行なうユーザー」とは別に、「MariaDB内でのみ通用するユーザー」も必要なのです。こちらは「MariaDB」にログインした後に作ります。

[2-1] 「データベース・サーバ」の構成とユーザー

＊

「rootユーザー」は、「サーバ」も「MariaDB」も、「root」であることが多いので、間違えないようにしましょう。

「MariaDB」でもやはり「root」ではなく、「一般ユーザー」での操作が主体です。

ユーザーには、テーブル単位でアクセスする権限を与えることができます。

「MariaDB」にログインした後、データベース領域やテーブルが作成できるようになります。

もちろん、データベースに対する操作も行ないます。

＊

「MariaDB」にログインするコマンドは、奇妙ですが、「mysql」です。

ログアウトする場合は、「exit」や「quit」「¥q」などでログアウトできます。

＊

「MariaDB」の「起動」「終了」「再起動」は、サーバのシェル上[1]で行ないます。

それぞれ[2]、「systemctl start mariadb.service」「systemctl stop mariadb.service」「systemctl restart mariadb.service」です。

表　DBのユーザーの例

ユーザーの種類	ユーザー名	本書でのパスワード
rootユーザー	root	rdbpass
一般ユーザー	chiro	cdbpass

表　「MariaDB」への「ログイン」「ログアウト」のコマンド

項　目	操　作
サーバへのログイン	ユーザー名とパスワードを使ってログイン
サーバからのログアウト	exit、またはlogout
サーバの終了	shutdown –h now
「MariaDB」の開始	systemctl start mariadb.service
「MariaDB」の終了	systemctl stop mariadb.service
「MariaDB」の再起動	systemctl restart mariadb.service

1　つまり、簡単に言うと、「MariaDB」からログアウトして、サーバの操作に戻り、そこで操作をするということ。

2　「CentOS」の場合。環境が違う場合は、各自要確認。

25

第2章 「MariaDB」のインストールとライブラリ

■「Maria DB」の操作方法

「LinuxOS」のサーバや、そこにインストールしたデータベースを操作する場合、(a)サーバにモニタやキーボードをつないで「**直接操作**」する方法と、(b)ネットワーク越しに「**遠隔操作**」する方法——があります。

また、どちらにも、

・「コマンド」(CUI)での操作
・「GUI」(マウスでの視覚的な操作)での操作

があります。

「コマンド」とは、いわゆる"黒い画面"です。
「GUI」は、「Windows」のようにマウスでクリックする操作です。

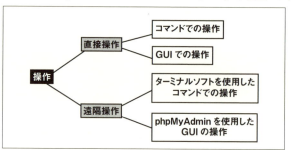

●「サーバ」を直接操作する(「コンソール」と「X Window」)

コマンドで操作する場合は、「コンソール」(console)または、「ターミナル」(terminal)と呼ばれる"黒い画面"で行ないます。

「Windows」で言うところの「コマンド・プロンプト」のようなものです。

「GUI」であれば、ディレクトリの移動なども、クリックで行ないますが、「コマンド」の場合、

●●のディレクトリに移動する(具体的には、『cd ●●』)

と、命令を打ち込んで移動します。

ファイルコピーの場合も、

●●のディレクトリから○○のディレクトリにコピーする
(具体的には『cp ●● ○○』)

と命令します。

一方、GUIでの操作のためには、①「X Window」（UNIXにおけるウィンドウ表示の基本システム）と、②「GNOME」（ノーム）や「KDE」などのデスクトップ環境ソフト——の2つをサーバにインストールする必要があります。

実験の場合は、自由にできますが、本番環境の場合は、「サーバ管理者」との相談になります。

●遠隔で操作する（「ターミナル・ソフト」と「phpMyAdmin」）

「ターミナル・ソフト」は、遠隔で「サーバ」を操作するソフト[1]です。

「Putty」（パティ）や「TeraTerm」（テラターム）が有名です。自分のクライアントPCにインストールして使います。

「ターミナル・ソフト」で、普段使っているPCからネットワーク経由でアクセスできます。

GUIで遠隔から操作したい場合は、「phpMyAdmin」があります。

「MySQL」を使っている人には、よくご存じのソフトでしょう。ブラウザから「MySQL」を管理できるツールです。「PHP」で作られているため、この

---

1 「SSH」という暗号化した通信で入出力をやり取りする仕組みを使う。
使うには、サーバに「SSHサーバ」と呼ばれるソフトをインストールしておき、クライアントでは「SSHクライアント」というソフトを使って操作する。「Putty」や「TeraTerm」は、「SSHクライアント」。

第2章　「MariaDB」のインストールとライブラリ

ような名前になっています。

　このソフトを使うと、「テーブルやデータベース領域の作成」「ユーザーの作成」「テーブルの操作」など一通りのことができます。
　「MySQL」のためのツールですが、「MariaDB」でも同じように使えます。

＊

　インストールするパソコンは、「サーバ」でも「クライアント・パソコン」でもかまいませんが、ソフトが動く条件として、「Apache」と「PHP」の実行環境が必要なので、テストだけであれば、サーバに入れてしまうのが手軽でしょう。

●プログラムに組み込む

　データベースはサーバ上で操作するよりも、プログラムに組み込んで使うことがほとんどでしょう。

　そもそも、「データベース」とは「データの格納場所」です。
　単独で使うのではなく、プログラムと組み合わせることが圧倒的に多いので、「SQL」もプログラムに埋め込んでしまうことが多いのです。

■コマンド操作の基本

　「CUI」で操作する場合、コマンドを入力する箇所に、「プロンプト」(prompt)と呼ばれる文字列が表示されます。
　「プロンプト」は、**[ユーザー名@サーバ名　ディレクトリ名]記号**の形で表示されます。

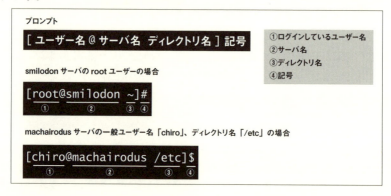

[2-1] 「データベース・サーバ」の構成とユーザー

「サーバ名」の後ろは、現在操作している「ディレクトリ名」(カレント・ディレクトリ)が表示されます。

「ホーム・ディレクトリ」の場合は、「~」(チルダ)と表示され、それ以外の場合は、その「ディレクトリ名」となります。

＊

最後の記号は、「rootユーザー」の場合と、「一般ユーザー」(「root」以外のユーザー)の場合とで、異なります。

root	#
一般ユーザー	$

と表示されるため、「root」でログインしているかどうかが判断しやすいようになっています。

すぐあとに説明しますが、「MariaDB」にログインするときは、「mysql」[1]というコマンドを使います。「mysqlコマンド」を使ってログインしたときは、「>」という表記になります。

＊

「MariaDB」を操作する場合は、この状態から「MariaDB」にログインし、コマンドを入力します。

コマンドを入力した後は、必ず[Enter]キーを押します。

「exit」や「quit」、「¥q」と入力して[Enter]キーを押すと、「MariaDB」からログアウトし、元のプロンプト(「#」や「$」)に戻ります。

＊

「MariaDB」にログインすると、データベースに命令できるようになります。

命令は、「SQL文」で行ないます。特殊なコマンドを除き、一般に「SQL文」の末尾には、「;」(セミコロン)を付けて[Enter]キーを押します。

1　奇妙な感じがするが、「MariaDB」にログインするコマンドは「mysql」。

| 第2章 | 「MariaDB」のインストールとライブラリ |

2-2 「MariaDB」のインストール

■ インストール前の準備

では実際にインストールしてみましょう。

「MariaDB」をインストールする前に、以下の準備が必要です。

①実機または仮想環境の準備
②「サーバOS」のインストール
③「ターミナル・ソフト」のインストールまたは、「phpMyAdmin」の準備

●実機または仮想環境の準備

「MariaDB」は、サーバにインストールしますから、まずはサーバの準備が要ります。

実際に使うときは、「実機」[1]や「レンタル・サーバ」が必要ですが、テストだけであれば、「Virtual Box」などの仮想環境を使ってもいいでしょう。

すでにあるサーバに同居させる方法もあります。

●サーバOS

OSは、初心者の場合、実例の多い「Linux系」がお勧めです。

本書では、サーバ名を「smilodon」としています。

●「ターミナル・ソフト」と「phpMyAdmin」

サーバを直接操作する場合は必要はありませんが、そうでない場合は「ターミナル・ソフト」を準備しておきましょう。

「phpMyAdmin」を使いたい場合は、「Apache」のインストールと、「PHP実行環境」の準備が前提条件となります。

*

この章では、「MariaDB」のインストールから説明します。

「サーバ用OS」のインストールおよび、「ターミナル・ソフト」の準備まで、

1　実機というと大変なイメージがあるが、たいしたことをやらないのであれば、古いノートパソコンを使う手もある。「Core 2 Duo」以降のマシンであれば、検討可能。それよりも前のマシンは、対応していないことがある。

30

各自、好み状態に整えておいてください。

　本書では、「VirtualBox」上の「CentOS」にインストールするものとして進めていきます。異なる環境の場合は、漸次調整しながら進めてください。

＊

　なお、サーバ準備に不慣れな方のために、「VirtualBox」「Cent OS」「Tera Term」のインストール方法についてはサポートページからダウンロードできる「Appendix」のPDFで説明しています。そちらを見て準備してください。

■ インストールずみのアプリケーションを最新化する

●アプリケーションの最新化

　「MariaDB」のインストールの前に、まずはサーバにインストールずみのアプリケーションを最新化します。これは必ず行なってください。

　「rootユーザー」での操作になるので、「rootユーザー」でログインするか、「su -」または「sudo -i」コマンドで切り替えます。

＊

　「CentOS」の場合、ソフトのインストールは、「yum」コマンドです。
　アップデートは、「yum update」で行ないます。
　「yum update」と入力します。

```
# yum update
```

　更新のインストールが始まります。

　途中何度か確認がありますが、[y]キーを押して進めてください。

　インストールが完了すると「完了しました！」とともにプロンプトが戻ってきます。

第2章 「MariaDB」のインストールとライブラリ

■「MariaDB」をインストールする

❶「MariaDB」のリポジトリを設定

「MariaDB」は、「CentOS」の「yum install」コマンドでインストールできますが、そのまま実行すると、古いバージョンのものしか入りません。

そのため、今回は最新版の「MariaDB」が置いてあるリポジトリを「CentOS」に登録してから「yum install」を行ないます。

*

リポジトリを追加するコマンドは、以下の通りです。

```
# curl -sS https://downloads.mariadb.com/MariaDB/MariaDB_repo_setup | sudo bash
```

「[info] Succeessfully added trusted package signing keys.」のメッセージとともに、プロンプトが返ってくれば成功です。

❷「MariaDB」のインストール

リポジトリを登録したら、いよいよ「MariaDB」のインストールです。

*

下記のコマンドを入力します。

```
# yum install mariadb-server mariadb-client
```

その後、インストールが行なわれます。途中の確認は[y]キーで次に進めます。
「完了しました！」のメッセージが表示されれば完了です。

[2-2] 「MariaDB」のインストール

❸「MariaDB」を日本語 (UTF-8) 対応にする

「MariaDB」はデフォルト状態では日本語を扱うことができないため、日本語を扱えるようにします。

日本語を扱うには「MariaDB」の設定ファイルを編集する必要があります。

＊

[1] 下記コマンドを入力し、設定ファイルを「vi エディタ」[1]で開きます。

```
# vi /etc/my.cnf.d/server.cnf
```

[2] このファイルの [mysqld][2]の中に「character-set-server = utf8」を入力します。

カーソルの移動は、カーソルキーまたは、[h] で左、[l] で右、[j] で上、[k] で下に移動できます。

文字を追加するには、[a] キーまたは [i] キーを押し、「追記」または「挿入」モードに切り替えます(モードから抜けるには [ESC] キー)。

1　「vi エディタ」の起動コマンドは、「vi ファイル名」。「/etc/my.cnf.d/server.cnf」ファイルを開くので、このようなコマンドになっている。「vi エディタ」の使い方については、サポートページを参照。

2　「MariaDB」なのに、「mysql」と表記されることに違和感があるかもしれないが、これは誤植ではない。「MariaDB」では、互換性のため、随所にこのような「MySQL」の名残りがある。

33

第2章 「MariaDB」のインストールとライブラリ

[3]「:wq」と入力すると、ファイルを保存して「viエディタ」を終了します。
```
:wq
```

---

❹「MariaDB」を起動する

[1]「MariaDB」を起動するにあたり、先にOS起動時に自動起動する設定を行ないます。
```
# systemctl enable mariadb.service
```

[2] 続いて「MariaDB」を起動します。
```
# systemctl start mariadb.service
```

[3] 起動後、「MariaDB」にログインします。ログインするには、ちょっと不思議ですが、「mysql」と入力します。

　通常は、「mysqlコマンド」の後に「アカウント」や「パスワード」をつけますが、本書の現時点では「MariaDB」にはユーザー情報はないので、そのままログインします。
```
# mysql
```
```
[root@smilodon ~]# mysql
Welcome to the MariaDB monitor.  Commands end with ; or \g.
Your MariaDB connection id is 8
Server version: 10.3.13-MariaDB MariaDB Server

Copyright (c) 2000, 2018, Oracle, MariaDB Corporation Ab and others.

Type 'help;' or '\h' for help. Type '\c' to clear the current input stateme
nt.

MariaDB [(none)]>
```

上記の画面が表示されれば「MariaDB」の起動は成功です。

[4] 続いて、先ほど設定した日本語対応ができているか確認します。
次のコマンドを入力してください。

```
> show variables like 'char%';
```

その結果、「character_set_filesystem」と「character_sets_dir」以外が「utf8」になっていれば、日本語対応になっています。

> **Column** 文字コードを「utf8」ではなく「utf8mb4」対応にする
>
> やや上級編ですが、文字コードを「utf8mb4」にすると、通常の日本語だけではなく、スマホなどで使われる「絵文字」も対応ができます。
> その場合、設定ファイルディレクトリ「/etc/my.cnf.d/」に新規の「cnfファイル」を作ります。
> 今回は「my.cnf」として新規作成し、そのまま編集するので、下記のように「viエディタ」で開いてください。
>
> ```
> #vi /etc/my.cnf.d/my.cnf
> ```
>
> 続いて、このファイルに下記のように記述します。
>
> ```
> [client]
> default-character-set=utf8mb4
> [mysql]
> default-character-set=utf8mb4
> [mysqld]
> collation-server = utf8mb4_unicode_ci
> init-connect='SET NAMES utf8mb4'
> character-set-server = utf8mb4
> ```
>
> もし、「/etc/my.cnf.d/server.cnf」に「character-set-server = utf8」をセットした場合、干渉する可能性があるので、これを削除してから行なってください。

「MariaDB」にアカウントを作る

❶新規にユーザーを作る

「MariaDB」に新規にユーザーを作ります。

[1] 今回作るユーザーは、本書では、下記のとおりとします。

ユーザー名	chiro
パスワード	cdbpass
インストールするサーバ	smilodon

「MariaDB」のユーザーを作るには、「MariaDB」にログインした状態で、「ユーザー名@ログインできるホスト名[1]」という書式で設定します。

[2] 下記のコマンドは、「smilodon」サーバから「cdpass」というパスワードで接続する「chiro」というユーザーを作っています。

「Query OK」が表示されればOKです。

```
> CREATE USER 'chiro'@'smilodon' IDENTIFIED BY 'cdbpass';
```

[3] 続いて、ユーザーが登録されたかを確認します。

```
> SELECT user,host FROM mysql.user;
```

ユーザーに「chiro」があればOKです。

---

[1] 「接続元」のこと。ここでは、サーバから接続しているので、サーバ名「smilodon」を指定している。

[4] ただし、このように作ったユーザーは「smilodon」という名前のサーバからしかアクセスできません。

サーバ上で「mysqlコマンド」を使って、「MariaDB」にログインするときは、「自身」という意味の「localhost」からのアクセスとなります。

そこで「localhost」に対しても、同様にユーザーを追加します。

```
> CREATE USER 'chiro'@'localhost' IDENTIFIED BY 'cdbpass' ;
```

```
MariaDB [(none)]> CREATE USER 'chiro'@'localhost' IDENTIFIED BY 'cdbpass';
Query OK, 0 rows affected (0.000 sec)

MariaDB [(none)]>
```

[5] もう一度登録状況を確認します。

```
> SELECT user,host FROM mysql.user;
```

```
MariaDB [(none)]> SELECT user,host FROM mysql.user;
+-------+-----------+
| user  | host      |
+-------+-----------+
| root  | 127.0.0.1 |
| root  | ::1       |
|       | localhost |
| chiro | localhost |
| root  | localhost |
|       | smilodon  |
| chiro | smilodon  |
| root  | smilodon  |
+-------+-----------+
8 rows in set (0.000 sec)

MariaDB [(none)]>
```

[6] そして一度「exit」で「MariaDB」からログアウトし、作成したユーザーでログインできるかを確認します。

ログイン名は「-uオプション」で指定し、パスワードは「-p」で指定します。

「chiro」ユーザーが「cdpass」でログインする場合は、「-uchiro –pcdbpass」です。

「MariaDB」へのログインは、「mysql」というコマンドですから、「mysql」に続いて「ユーザー名」「パスワード」を指定します。

```
> mysql -uchiro -pcdbpass
```

第2章 「MariaDB」のインストールとライブラリ

```
MariaDB [(none)]> exit
Bye
[root@smilodon ~]# mysql -uchiro -pcdbpass
Welcome to the MariaDB monitor.  Commands end with ; or ¥g.
Your MariaDB connection id is 9
Server version: 10.3.13-MariaDB MariaDB Server

Copyright (c) 2000, 2018, Oracle, MariaDB Corporation Ab and others.

Type 'help;' or '¥h' for help. Type '¥c' to clear the current input statement.

MariaDB [(none)]>
```

　上記のように「-pパスワード」と書くと、画面にパスワードが見えてしまいます。

　代わり「-p」とだけ書いて、パスワードを書かないときは、画面上でパスワードの入力が求められます。

　この場合、パスワードは画面に表示されないので、後ろに誰かがいるようなときは、「-p」とだけ書いたほうがいいでしょう。

```
> mysql -uchiro -p
```

---

❷「rootユーザー」のパスワードを変更する

　「root」のパスワードも変更しておきます。

　本書での「root」のパスワードは「'rdpass'」とします。

ユーザー名	root
パスワード	rdpass

---

[1] 先ほどの作成ユーザーからログアウトし、もう一度、

```
> mysql
```

でログインし直します。

38

[2] その後、パスワードを下記のように設定します。

```
> SET PASSWORD FOR 'root'@'smilodon' =password('rdpass');
```

[3] こちらも「localhost」のパスワードも変更しておきます。

```
> SET PASSWORD FOR 'root'@'localhost' =password('rdpass');
```

```
MariaDB [(none)]> SET PASSWORD FOR 'root'@'localhost' =password('rdpass');
Query OK, 0 rows affected (0.000 sec)

MariaDB [(none)]>
```

　これでパスワードを設定すると、exit後に再度ログインする際に、「> mysql」だけでは接続できなくなります。

*

　再び「root権限」で接続する場合には、

```
> mysql -uroot -prdpass
```

で接続します。

```
[root@smilodon ~]# mysql -uroot -prdpass
Welcome to the MariaDB monitor.  Commands end with ; or ¥g.
Your MariaDB connection id is 12
Server version: 10.3.13-MariaDB MariaDB Server

Copyright (c) 2000, 2018, Oracle, MariaDB Corporation Ab and others.

Type 'help;' or '¥h' for help. Type '¥c' to clear the current input statement.

MariaDB [(none)]>
```

データベース作成とSQLの基礎

この章では、「データベース」および「テーブル」の作成と、簡単な「レコード」の操作を行ないます。

他のデータベースを操作したことがある方は、「MariaDB」での流れを確認しながら、読み流してしまってもかまいません。ここで使ったコマンドは、5章にて、オプションなども含め、改めてまとめています。

逆に、まったくデータベースを触ったことのない初心者の方には、分かりづらい箇所があるかもしれません。
「MariaDB」の情報は少ないですが、「MySQL」に関する書籍・ウェブサイトは多いので、そうしたもので補完しながら読み進めるといいでしょう。

| 第3章 | データベース作成とSQLの基礎 |

3-1　データベースを作る流れ

■ データベースの構造

　この章では、基本的なデータベース作成の流れや、「SQL」の操作について解説します。

　こうした基本的な「SQL」については、各「RDBMS」に共通であることが多いので、データベースの操作に慣れている場合は、自明の内容かも知れません。

　さて、データベースを作り始める前に、「データベースの構造」について話しておきましょう。

　「MariaDB」は、「リレーショナル・データベース」(RDB)です。

　つまり、「行」と「列」のある「表」(テーブル)の形式で表わされ、「テーブルとテーブルが結びつけられている」(リレーショナル)ことが特徴です。

　テーブルの行を「ロウ」または「レコード」と言い、列を「カラム」、1つずつの内容を「値」(バリュー)と言います。

値 (バリュー)

表 (テーブル)

ID	社名	都道府県	住所	郵便番号
1101	ヤマネコ社	東京都	世田谷区赤堤	156-0044
1102	チーター社	東京都	世田谷区桜丘	156-0054
1103	カラカル社	東京都	世田谷区祖師谷	156-0072
1104	ハイイロネコ社	東京都	大田区鵜の木	146-0091
1105	ジャガランディ社	東京都	目黒区大岡山	152-0033
1106	コドコド社	東京都	目黒区大岡山	152-0033
1107	オセロット社	東京都	品川区戸越	142-0041

行 (レコード)

列 (カラム)

　テーブルは、サーバの中の「データベース領域」[1](データベース)に格納します。

1　単に「データベース」とも言いますが、ここでは何を指しているか紛らわしいので、データベース領域と呼ぶ。

「RDB」の性質[1]から、1つのデータベース領域に、複数のテーブルを入れることがほとんどです。また、データベース領域自体も1つのサーバにいくつも入れることが多いです。

つまり、「サーバ>データベース領域>テーブル>値」という入れ子状態になっているので、自分がどこにいるか迷子にならないようにしましょう。

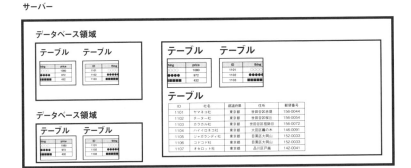

■ データベースの設定内容と事前準備

DBは、Excelのように最初からレコードを入力することはできません。
ノートがなければ、鉛筆で情報を書けないように、レコードを入力するには「テーブル」を用意しなければなりません。

では、テーブルだけを用意すればいいのかというと、そうではなく、テーブルを作るには「テーブルを格納する場所」である「データベース領域」が必要です。
つまり、レコードを入力するには、データベース領域を作り、その中にテーブルを作って初めて書き込めるようになります。

レコードを入力するまでの流れ

---

1 RDBは、複数のテーブルが関連し合うことが特徴なので、大概は複数のテーブルで構成される。

第3章　データベース作成とSQLの基礎

　ですから作る順序としては、「データベース領域を作る→テーブルを作る→レコードを入力する」となるのですが、データベースは、実際に作る前に、必ず設計します。

　「データベース領域」や「テーブル」を作る場合、設定しなければならないことがいくつかあり、後から変更できない項目も多いからです。
　適当に仮決めしておいて、後から調整ということはしません。

　これは、データベースの使われ方とも関係しており、単独ではなく、プログラムとセットで使うからでしょう。
　プログラムを組むときには、データベースの構造が決まっていないと困ってしまいます。

*

　設計については、本書の趣旨からズレるため、詳しくは説明しませんが、大雑把に次に説明する内容が必要であることは押さえておいてください。

　なお、「データベース名」「テーブル名」「列名」は、任意のものでかまいませんが、日本語ではなく、**アルファベットが無難**です。
　また、後からDBを操作するときに、操作対象として指定するので、

・**あまり長くない**
・**他と重複しない**
・**紛らわしくない**
・**何を表わしているかよく分かる**

ことが望ましいです。
　「special_fantastic_infrastructure_table」などと寿限無のような名前を付けると、他のエンジニアに恨まれることは間違いありません。[1]
　無駄な手間がなく、ミスを起こしづらくすることが大切です。

❶データベース(データベース領域)

　データベース作成時の設定内容として、「データベース名(データベース領域名)」と「文字コード」が必要です。

1　エディタが補完してくれると言っても、緊急時に何があるか分からないので、ミスをしない工夫は大切。

[3-1] データベースを作る流れ

表　データベースでの設定

項　目	設定例
データベース名	gatodb
文字コード	UTF-8

データベース名(データベース領域名)

1つのサーバOS上に、複数のデータベース領域を作ることもできるので、区別がつく名前を付けましょう。

本書では、データベース名を「gatodb」[1]としています。

文字コードと照合順序

データベースに格納する文字列について、どのように文字を扱うかを指定します。

何も設定しない場合は、サーバでの設定によります。

・文字コードの種類

日本語を扱える文字コードは、下記の5種ですが、プログラミング言語からの使いやすさの関係で、最近では、「utf8」または「utf8mb4」を使うことがほとんどです。

表　日本語で使う主な文字コード

コード名	通　称	特　徴
cp932	CP932	Windowsで採用されているシフトJISコード。
sjis	シフトJIS	丸文字などの扱いがcp932_japanese_ciと少し違う。
ujis	EUC	昔のLinuxなどで使われる。
utf8	UTF-8	UTF-8形式の文字コード。
utf8mb4	UTF-8	4バイト文字に対応したUTF-8形式の文字コード。絵文字などを格納したいときは、これを使う。最近は、これを使うことが多い。

1　本書では、学習しやすいようにシンプルな名前にしたが、本来であれば、中身が分かりやすい名前がよい。「database」「db」「ogasawara (作成者の名前)」なども、区別がつきづらく、中身が分からないため、あまり望ましくない。

45

第3章　データベース作成とSQLの基礎

・照合順序

文字コードのさらに細かい話として、「照合順序」があります。

これは文字を、「どのように同一視するか」の設定です。

たとえば「utf8mb4」の場合、次のいずれかを設定できます。

デフォルトは「utf8_general_ci」で、大文字と小文字を同一視します。同一視したくないときは、オプションで変更する必要があります。

表　「utf8」における照合順序

照合順序	意　味
utf8mb4_general_ci	デフォルト。アルファベットの大文字・小文字を区別しない。
utf8mb4_unicode_ci	アルファベットの大文字・小文字を区別しないほか、「ひらがな」「カタカナ」「大文字・小文字」も区別しない。
utf8mb4_bin	すべてを区別する。

❷テーブル

テーブルを作るときには、「テーブル名」「主キー」「列名（カラム名）」「データ型」など、テーブルや列に対する設定情報が必要です。

多くの項目が、基本的には、後から変更することはできないと思っておきましょう。

表　テーブル単位での設定

項　目	設定例	後から変更
テーブル名	jusho、co_address など。	○
列名	company、area など。	○

表　列単位での設定

項　目	設定例	後から変更
列名	juid、company など。	○
データ型	INT、VARCHAR など対応しているデータ型を選択。	△
長さ	50 など数値で設定。	△
制約	NULL を許すかどうかなど。	△

[3-1] データベースを作る流れ

インデックス	インデックスをつけるかどうか。	○
デフォルト値	0などのデフォルト値を決めておくかどうか。	○
オートインクリメント	自動的に番号を振るかどうか。	△
主キー	主キーとして設定するかどうか。	△
外部キー	外部キーとして設定するかどうか。	○

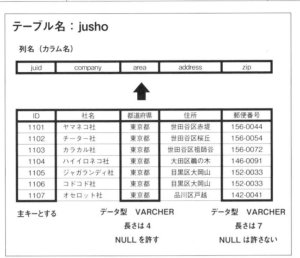

テーブル名・列名

データベースと同じく、複数作ることができるので、重複しないようにしてください[1]。

チームで開発する場合は、よく話し合っておくといいでしょう。

データ型

「データ型」とは、どのようなデータであるかを分類したものです。

列ごとに、入れるデータの種類をデータ型で規定しておくと、その「データ型」に該当するデータ以外のものは入らなくなります。

たとえば、「数値型」を指定しておくと、数値しか入れられなくなります。1つの列に指定できるデータ型は1つだけです。

---

1 本書では、学習しやすいように「jusho」「company」などのテーブル名、列名を付けているが、「jusho」は「juusho」や「dusho」と紛らわしく、「company」は、他のテーブルと重複する可能性が高いため、本来ならば、避けたほうが無難。

| 第3章 | データベース作成とSQLの基礎 |

表　主なデータ型(詳しくは6章)

扱う対象	主な型の種類と特徴
数値型	数値を扱うデータ型。文字列は入れられない。 整数を扱う「TINYINT」、浮動小数を扱う「FLOAT」「DOUBLE」、 固定小数を扱う「DECIMAL」「NUMERIC」など。
日付と時刻型	日付や時刻を扱うデータ型。文字列は入れられない。また、 日付にあり得ない数値(32日や13月など)は入れられない。 日付を扱う「DATE」、時刻を扱う「TIME」、日付と時刻を扱 う「DATETIME」「TIMESTAMP」、年を扱う「YEAR」など。
文字列型	文字列を扱うデータ型。文字列全体をシングルクォート(') で囲んで扱う。固定長の文字列を扱う「CHAR」、可変長の 文字列を扱う「VARCHAR」「TEXT」など。
その他	位置や座標を扱うGEOMETRYなど。

長さ

　格納するデータの長さを決めます。「長さ」とは、文字列で言えば「文字数」[1]
です。

制約

　「NULL」(ヌル＝空欄のこと)を許すかどうか、他と重複する値を許すかど
うかなどの制約を決めます。
　データベースでは、「空欄」(NULL)と「0」は違うものなので、注意してください。
「NOT NULL」であれば、「空欄を許さない」という意味になります。

表　主な制約の種類(詳しくは5章)

制約の種類	意　味
UNIQUE制約	他のレコードと重複する値は不可。
NOT NULL契約	NULL値(空欄)での入力は不可。
外部キー制約	他のテーブルと結びつけるときに用いる。

インデックス

　インデックスは検索速度をあげるためのものです。次の4種類があります。
　多くの場合「INDEX」を使いますが、重複を許さない列の場合は「UNIQUE」
を設定します。

1　データ型によって、文字数でカウントされる場合と、バイト数でカウントされる場合がある。

[3-1] データベースを作る流れ

表　インデックスの種類（詳しくは5章）

インデックスの種類	説　明
INDEX	通常のインデックス。
UNIQUE	重複を許さないインデックス。
SPATIAL	空間を示す列に設定するインデックス。
FULLTEXT	全文検索に設定するインデックス。

デフォルト値

その項目が空欄だった場合に、設定する値。

オートインクリメント

自動的に番号をふる仕組み。オートナンバー。

主キー

データベースを操作する場合に、どのレコードが対象であるか特定できなければなりません。

たとえば、社員名簿から退社した人物を削除するときに、その人物を特定する必要があるということです。他の人を削除してしまったら大変です。

そのため、必ず「レコードごとに固有の値」が必要になります。

人で言えば、「社員番号」や「マイナンバー」のように、一人一つしかない値です。

このように、「レコードを見分けられる固有の値をもつ列」を「主キー」として設定します。たとえ同姓同名の人物がいても、主キーでレコードは区別されます。

「主キー」として設定すると、間違って他のレコードと同じ値を保存した場合でも、エラーとしてはじかれるため、確実に「固有の値」となります。

外部キー

テーブル同士を連携させる場合、「外部キー」を利用して連携させます。

たとえば、売上の一覧があったときに、すべての取引に毎回、取引先の「住所」と「電話番号」まで書いていたら大変ですし、ミスも多くなります。

そこで、売上には「社名」だけを記載し、「住所」と「電話番号」は「住所録テーブル」を参照するように設計できます。こうしたときの社名は、「外部キー」として住所録テーブルの情報を呼び出すときのキーになります。

49

| 第3章 | データベース作成とSQLの基礎 |

3-2　「データベース」と「テーブル」を作る

■「SQL文」での命令

　データベースへの命令[1]は「SQL文」で行ないます。

　一章で書いた通り、「SQL」は、標準化されているため、「RDBMS」ごとの方言はあるものの、どの「RDBMS」でも大きな違いはありません。

　特に「MariaDB」の場合は、「MySQL」とほぼ同じ「SQL文」が使えます。

　「SQL文」の書き方には、いくつかのルールがあります。

---

①一行で一つの命令を書き、行の終わりには「；」(セミコロン)を付ける
②必ず命令する言葉から始まり、「命令語」は予約されている
③テーブル名など特定のもの以外は、大文字と小文字を区別しない
④文字列を使う場合は、「'」(シングル・クォーテーション[2])で囲う

　1つの命令の最後には必ず「セミコロン」をつけます。改行しても命令の終わりとはみなされません。セミコロンまでが一つの命令です。

＊

　また、「SQL」では命令する構文の書き方が決まっています。

　最初に「命令語」で始まり、その後に「識別子」や「キーワード」などが続きます。それぞれの単語は「スペース」で区切ります。

　「命令語」は「予約語」としてすでに予約されています。「テーブル名」や「カラム名」には使えません。

　「データベース名」「テーブル名」「トリガー名」[3]以外は、大文字と小文字は区別しないのでどちらで表記することもできます。

　しかし、慣例として「命令語」を大文字で書き、「テーブル名」や「カラム名」を小文字で書くことが多いです。文字列を使う場合は「シングルクォート」で囲います。

1　データベースやテーブルに対しての命令と、レコードを操作する言語は、明確に分けられており、それぞれ「データ定義言語 (DDL = Data Definition Language)」「データ操作言語 (DML = Data Manipulation Language)」と言う。
2　シングル・クォーテーション…「'」の文字のこと。"の場合はダブルクォーテーション。
3　トリガーとはデータが変更されたときにSQLを実行する仕組みのこと。

50

▼SQL文の例

■ データベース(データベース領域)を作る

●データベースの作成

テーブルを作るため、最初に「データベース(データベース領域)」を作ります。データベースの作成は、作成権限をもつユーザーしかできません。

明示的に設定していない場合、その権限は「rootユーザー」にしかないので、「rootユーザー」でログインしておいてください。

データベースを作るには、「CREATE DATABASE」を使います。
「MariaDB」にログインしたら、以下のコマンドを入力します。

・データベース作成
```
CREATE DATABASE データベース名 CHARACTER SET 文字コード;
```

データベース名を「gatodb」、文字コードを「UTF-8」(utf8mb4)として作る場合は、以下のように書きます。
最後にEnterキーを押すのを忘れないようにしましょう。
```
CREATE DATABASE gatodb CHARACTER SET utf8mb4;
```

●データベース一覧の確認

データベースを実際に作成できたかどうかは「SHOW DATABASES」コマンドで確認できます。このコマンドはデータベースの一覧を表示するものです。
「DATABASES」と複数形になっているので気をつけてください。

・データベース一覧の表示
```
SHOW DATABASES;
```

第3章 データベース作成とSQLの基礎

●データベースの削除

データベースの削除は「DROP DATABASE」で行ないます。このコマンドを実行すると、データベース内に含まれるテーブルも削除されてしまうので、注意してください。

・データベース削除

```
DROP DATABASE データベース名;
```

■ テーブルを作る

●テーブルの作成

データベースができたら、次は「テーブル」です。
以下のようなテーブルを作ります。

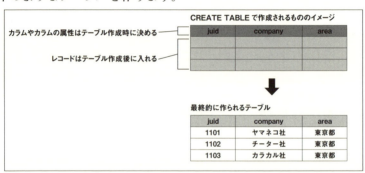

いわゆる「テーブルを作る」ときに作られるのは枠組みの部分だけと考えると分かりやすいでしょう。レコードは、後から別に入れていきます。

[1] テーブルの作成には、「CREATE TABLE」コマンドを使います。

データベース作成のコマンド(CREATE DATABASE)と似ているので覚えやすいのではないでしょうか。

テーブル関連のコマンドは、データベース関連のコマンドと似ているものも多いので、セットで覚えるといいでしょう。

テーブルを作るときは、すべての「列名」「データ型」「長さ」「制限」などを記述した後、「どの列を主キーにするのか」も記述するため、大変長くなります。

ミスがないように、情報を整理しておくことが重要です。

[3-2] 「データベース」と「テーブル」を作る

・テーブルの作成

```
CREATE TABLE データベース名.テーブル名
（列名1 データ型（長さ） 制約など,
 列名2 データ型（長さ） 制約など,
 列名3 データ型（長さ） 制約など,
……
 PRIMARY KEY（主キーにしたい列名））;
```

[2] コマンドの後に、作成場所となる「データベース名」と、今回新たに作る「テーブル名」を連続して記述します。

両者は「.（ドット）」でつないでください。

[3] その後、列名や列の形式を記述し、「()」（小括弧）でくくります。

列と列は「,（カンマ）」で区切ります。

列の長さは、「指定が必要なデータ型」と「そうでないデータ型」があります。

[4] 最後に「PRIMARY KEY」として「主キー」にしたい列名を指定します。

・テーブルの設定例

データベース	gatodb	テーブル名	jusho

	住所録ID	社　名	都道府県
列名	juid	company	area
型	INT[1]	VARCHAR[2]	VARCHAR
長さ	—	50	4
制約	NOT NULL[3]	NOT NULL	—
その他	AUTO_INCREMENT[4]	—	DEFAULT '無回答'[5]
キー	主キー[6]	—	—

1　INT…数値を扱うデータ型、長さの指定は不要
2　VARCHAR…文字列を扱うデータ型、長さの指定が必要
3　NOT NULL…空欄を許さないという意味
4　AUTO_INCREMENT…自動的に番号を振る
5　DEFAULT '無回答'…空欄だった場合に、設定する値。この場合は「無回答」とする
6　主キー…レコードを特定する一意の値

第3章　データベース作成とSQLの基礎

テーブルの設定例に従って記述すると、以下のようになります。

```
CREATE TABLE gatodb.jusho
(juid INT NOT NULL AUTO_INCREMENT ,
 company VARCHAR(50) NOT NULL ,
 area VARCHAR(4) DEFAULT '未入力' ,
 PRIMARY KEY (juid));
```

●データベース名の省略

このようにテーブルを示すには「データベース名.テーブル名」のように表記しますが、それだと、表記が煩雑になります。

そこで「データベース名.」を省略できる方法があります。

「use データベース名」コマンドを使うと、それ以降は、「そのデータベースを使う」という意味で、「データベース名.」を省略できます。

・対象データベースの指定

```
use データベース名;
```

「gatodb」というデータベースであれば、以下のように記述します。

```
use gatodb;
```

このように「use データベース名;」で操作するデータベースを設定してから、各種テーブル操作をするのが慣例です。

＊

以下では、このように「use gatodb;」と入力して、操作対象を「gatodb」に変更したとして、話を進めます。対象データベースの指定をしていない場合は、毎回、明示的にデータベース名を指定する必要があります。

●テーブル一覧の確認

テーブルを実際に作成できたかどうかは「SHOW TABLES」コマンドで確認できます。

これもデータベースと似ていますね。このコマンドはテーブルの一覧を表示するものです。

「TABLES」と複数形になっているので気をつけてください。

[3-3] レコードの操作

・テーブル一覧の表示

```
SHOW TABLES;
```

●テーブルの削除

テーブルの削除は「DROP TABLE」で行ないます。

このコマンドを実行するとテーブル内に含まれるレコードも削除されてしまうので注意してください。

・テーブル領域削除

```
DROP TABLE テーブル名;
```

3-3　レコードの操作

■ レコードを操作する命令

レコードを操作する[1]主な命令語は「SELECT」「INSERT」「DELETE」「UPDATE」の4つです。

SQLの一覧などを見ると、たくさんあるように見えますが、実際は、これら4つに条件などを追加したものがほとんどです。

表　4つの命令語

SELECT	レコードを取得したり検索したりする命令
INSERT	レコードを追加する命令
DELETE	レコードを削除する命令
UPDATE	レコードを更新する命令

1　レコードを操作する命令語を「データ操作言語」(DML＝Data Manipulation Language)と言う。「CREATE」や「DROP」などのデータベースやテーブルを定義する言語を「データ定義言語」(DDL＝Data Definition Language)、データ制御に関わるものを「データ制御言語」(DCL＝Data Control Language)と言う。

55

第3章　データベース作成とSQLの基礎

・レコードを操作するSQLの例

```
SELECT 列名 FROM テーブル名;

INSERT INTO テーブル名 (列名) VALUES (値);

UPDATE テーブル名 SET 列名=値;

DELETE FROM テーブル名;
```

　これらの命令は、レコードを操作するものなので、必ず対象となるテーブルを指定します。

　また、操作内容によっては、列名も指定していることが分かるでしょう。

　「INSERT」や「UPDATE」のような値を追加するような性質のものは、追加する値も記述します。

■ レコードを追加する(INSERT)

　「INSERT」を使って、新しいレコードを追加します。通常、「INTO」とセットで使います。

●レコードの追加

　レコードを追加する場合は、「INSERT INTO」に続き、「テーブル名」「列名」を記述します。

　列に入力したい値は、「VALUES[1]」に続いて書きます。

　「列名」と「値」は、「()」(小括弧)でくくり、複数の列を記述したい場合は、「,(カンマ)」で区切って列挙します。

・レコードの追加

```
INSERT INTO テーブル名 (列名1, 列名2, … )
VALUES (列名1に設定したい値, 列名2に設定したい値, …);
```

　以下のようなレコードを追加する場合には、このように書きます。

1　VALUES…バリュー。「値」という意味

表　追加するレコードの内容

juid	company	area
1101	ヤマネコ社	東京都

```
INSERT INTO jusho (juid, company, area)
VALUES (1101, 'ヤマネコ社', '東京都');
```

> ※データベース名は省略しています。
> 「ヤマネコ社」「東京都」は、文字列なので、「シングル・クォーテーション」でくくる
> のを忘れないようにしましょう。

●複数のレコードの追加

この例では、「ヤマネコ社」一社しか追加されません。

複数のレコードを登録したい場合は同じ構文を繰り返し書きます。

表　追加するレコードの内容

juid	company	area
1101	ヤマネコ社	東京都
1102	チーター社	東京都
1103	カラカル社	東京都

```
INSERT INTO jusho (juid, company, area)
VALUES (1101, 'ヤマネコ社', '東京都');
INSERT INTO jusho (juid, company, area)
VALUES (1102, 'チーター社', '東京都');
INSERT INTO jusho (juid, company, area)
VALUES (1103, 'カラカル社', '東京都');
```

いちいち、これらを書いていると大変です。

たくさんのレコードを入力したい場合には、「Excel」などをうまく利用して、一括で「SQL文」を作ってしまうのがいいでしょう。

また、「LOAD DATA構文」を使えば、CSVファイルからインポートできます。

| 第3章 | データベース作成とSQLの基礎 |

■ レコードを更新する(UPDATE)

レコードを更新するには、「UPDATE」を使います。

「INSERT」でもできそうな気がしてしまいますが、基本的には上手くいかないと考えてください。そのため、上書きしたい場合は、必ず「UPDATE文」を使います。

「UPDATE」は、「SQLで記述された内容を上書きする」命令です。そのため、指定されていないところは、変更しません。

「UPDATE」に続いて対象テーブルを指定し、「SET」の後に対象列と値を記述、最後に「WHERE」に続いて、対象となるレコードを条件式で指定します。

「WHERE」は、「レコード」や「列」を選択するときに使う言葉で、「WHERE句」と言います。

・レコードの更新

```
UPDATE  テーブル名
SET  列名1＝値1,
列名2＝値2,
……
WHERE  条件式 ;
```

*

「INSERT」で追加した「カラカル社」の都道府県を「東京都」から「大阪府」に変えてみましょう。

| 1103 | カラカル社 | 大阪府 |

その場合は、このように書きます。データベース名は省略しています。

「大阪府」は「シングル・クォーテーション」を忘れないようにしましょう。

```
UPDATE jusho set area＝'大阪府' where juid=1103;
```

対象のレコードは、カラカル社のみを対象としたいため、他に重複するものがないように「juid＝1103」(「juid」の列が「1103」であるレコード)と指定しました。

もし、「大阪府」が「難波府」に変わって、すべての大阪府を変更したい場合

[3-3]　レコードの操作

は、「area='大阪府'」(「area」の列が'大阪府'であるレコード)という条件にすると、都道府県が大阪府になっているすべてのレコードを選択できます。

> ※「WHERE」以下を省略したり、「area LIKE '%'」(「%」任意の文字という意味)と記述した場合は、テーブル内の全部のレコードが更新されるので注意してください。

「UPDATE文」の場合も、複数のレコードを更新したい場合は、同じ構文を繰り返し書きます。

■ レコードを削除する(DELETE)

レコードを削除するには、「DELETE」を使います。

基本的には、「UPDATE文」と同じく、「WHERE句」で対象となるレコードを指定します。
なぜなら、「テーブルのどこのレコードを削除するのか」を指定しないと、テーブル内のすべてのレコードが削除されるからです。

```
DELETE FROM テーブル名 WHERE 条件式;
```

「DELETE」は、あくまでレコード単位で削除する命令語です。
レコードの特定の項目だけを削除したい場合は、「UPDATE」文で、その箇所を「NULL」として指定します。

■ レコードを選択する(SELECT)

レコードを選択するには、「SELECT」を使います。
「SELECT」は、何かを選択するようなイメージをもつかもしれませんが、「何かを取り出す命令」です。
数多くの操作が「SELECT」を使っているため、この言葉を使いこなせるかどうかが、データベース操作の腕前を左右すると言っても過言ではありません。

もっとも基本的な構文は、取り出したい「列名」と、取り出し元の「テーブル名」を指定する形で記述します。

59

第3章　データベース作成とSQLの基礎

```
SELECT 列名1,列名2,列名3,…
FROM テーブル名;
```

「jushoテーブル」から「juid列」と、「company列」を取り出したい場合は、以下のように記述します。

```
SELECT juid,company FROM jusho;
```

●該当のレコードを選択する

条件に合うレコードだけを取り出したい場合は、UPDATEでも使った「WHERE句」を使います。

```
SELECT 列名1,列名2,列名3,…
FROM テーブル名;
WHERE 条件式;
```

「jushoテーブル」から、「area列」が「東京都」となっているレコードの列をすべて(「*」を使うと「すべて」という意味となる)取り出したい場合は、以下のように記述します。

```
SELECT * FROM jusho WHERE area='東京都';
```

[3-4] 複雑なレコードの操作

3-4 複雑なレコードの操作

■ 複雑なレコードの操作

「SELECT文」に、キーワードを追加することで、複雑なレコードの操作ができます。

こうした操作は、慣例的に「テーブルを○○する」という場合もありますが、実際に操作しているのはレコードです。

「SELECT文」はあくまで、データ操作言語（DML）なので、テーブルを操作することはできません。

●重複の除去（DISTINCT）

重複したレコードを除去して表示します。

「SELECT」の後ろに記述します。その性質上、2つ以上のテーブルを組み合わせてデータを取得する際に重複を防ぐ目的で使うことが多いキーワードです。

```
SELECT DISTINCT 列名1, 列名2, 列名3… FROM テーブル名;
```

●データの並べ替え（ORDER BY）

データベースは、必ずしも行儀が良い並び順であるとは限りません。

このキーワードでは、「取り出しの順序」を明示的に指定します。

```
SELECT 列名1, 列名2, 列名3… FROM テーブル名
ORDER BY 列名α,列名β 順序;
```

「SELECT」の直後は、実際に取り出したい列名を記述します。

「ORDER BY」の後ろは、並び替えの基準となる列名です。並び替えの基準列も複数指定できます。

順序は、以下の2ついずれかを指定します。

順　序	内　容
ASC	小さいもの順（ORDER BY は基本的に小さいもの順なので、省略できる）
DESC	大きいもの順

61

第3章　データベース作成とSQLの基礎

●特定範囲のデータ抽出(LIMIT)

　「LIMIT」を使うと、「抽出範囲」を指定できます。

　引数を1つとすると、「先頭から指定した件数」だけを取得、引数を2つとすると、「指定した場所から指定した件数[1]」を取り出します。

　「LIMIT」は、「SELECT構文」でしか使えず、「ORDER BY」[2]の後ろに記述します。

```
SELECT 列名1, 列名2, 列名3… FROM テーブル名
ORDER BY 列名α,列名β 順序
LIMIT オフセット,件数;
```

■ 複数のテーブルにあるレコードを操作する

　複数のテーブルにあるレコードを集合させたり、結合させることができます。

> ※実際は、レコードを操作するだけですが、慣例的に「テーブルを集合」「テーブルを結合」と言うため、本書でもそのような言い方で進めていきます。

●和集合(UNION結合)

　同じ列構造のテーブルを合体して、1つのテーブルのように見せる結合方法です。

　単純に合体するので、レコード数は、元になるテーブルとテーブルの和と同じです。

　合体させるには、対象となるテーブルの「列数」と「列の型」が同じでなければなりません。

```
SELECT 列名1, 列名2, 列名3… FROM テーブル名1
UNION 条件 SELECT 列名1, 列名2, 列名3… FROM テーブル名2
UNION 条件 SELECT 列名1, 列名2, 列名3… FROM テーブル名3;
```

●積集合(INTERSECT)と差集合(EXCEPT)

・「積集合」は、「対象となる複数のテーブル」から「重複したレコード」を取り出す。

・「差集合」は、「主となるテーブル」から「副となるテーブル」と「重複するレコード」を引いたもの。

1　指定した場所のことは「オフセット(Offset)」と言う。オフセットは先頭(1レコード目)を「0」としてカウントする。
たとえば、「0番目」というのは、1レコード目のこと、「4番目」とは、5レコード目のこと。
2　文法上は省略することもできるが、あまり現実的ではない。

62

[3-4] 複雑なレコードの操作

これらは、長く「MySQL」で対応していなかった機能ですが、「MariaDB 10.3」では対応しています。

記述の仕方は、「UNION」と同じです。

●内部結合(INNER JOIN)

「内部結合」は、構成する列が異なる複数のテーブルを結合します。

このとき、結合する双方のテーブルから、「どの列を対応の基準にするか」を指定し、その列の内容が合致したレコードのみが対象となります。

つまり、「会社名」と「住所」しか載っていないテーブルと、「会社名」と「電話番号」しか載っていないテーブルがあった場合に、「会社名の列」を基準として指定し、両方のテーブルに記載のある会社の情報のみ、合体させるということです。

共通しないレコードは、取り出されません。

*

「INNER JOIN」は、略して「JOIN」とだけ書くこともできます。

「ON」の後に、どの列名が対応するかを指定します。

3つ以上のテーブルを結合したい場合は、「INNER JOIN」以下を繰り返し記述します。

```
SELECT 列名1, 列名2, 列名3… FROM テーブル名1
INNER JOIN テーブル名2
ON テーブル1.列名α = ON テーブル2.列名α
INNER JOIN テーブル名3
ON テーブル1.列名α = ON テーブル3.列名α
```

●外部結合 (OUTER JOIN)

共通するレコードでなくても合体するのが「外部結合」です。

共通するレコードでなくても結合するということは、該当がない欄も存在してしまいますが、そこは「NULL」(空欄)として結合します。

*

外部結合には、「左外部結合」(LEFT OUTER JOIN)と「右外部結合」(RIGHT OUTER JOIN)があります。「左結合」「右結合」とも言います。

「結合」は、「主となるテーブル」に「副となるテーブル」を合わせる形で結合します。

63

第3章　データベース作成とSQLの基礎

「主となるテーブル」をすべて残す結合を「左結合」と言い、「副となるテーブル」をすべて残す結合を「右結合」と言います。

2つのテーブルを結合する場合、大した違いはないのですが、3つ以上となると、残る値に違いが出てくるので、注意が必要です。

＊

なお、「LEFT JOIN」「RIGHT JOIN」のように、「OUTER」は省略して記述できます。

「ON」で基準となる列を指定するのは、「内部結合」と同じです。

```
SELECT 列名1, 列名2, 列名3… FROM テーブル名1
LEFT JOIN テーブル名2
ON テーブル1.列名α = ON テーブル2.列名α
LEFT JOIN テーブル名3
ON テーブル1.列名α = ON テーブル3.列名α
```

※右結合の場合は、「LEFT」を「RIGHT」に替える

3-5　サブクエリ

■ サブクエリ

「サブクエリ」(副問い合わせ)は、「列名」や「条件」を書く代わりに、「SELECT文」を丸ごと入れてしまう方法です。

「入れるSELECT文」を「()」(小括弧)でくくります。
すると、その箇所に「SELECT文を実行した結果」が入ります。

「主となるSQL文」は、「SELECT」だけでなく、「INSERT」「DELETE」「UPDATE」のどの構文でも使えますが、サブクエリとして使えるのは「SELECT文」だけです。

・サブクエリの書き方の例

```
(SELECT 列名1 FROM テーブル名)
```

[3-5] サブクエリ

・サブクエリを入れる例

```
UPDATE テーブル名
SET 列名1＝値1,
列名2＝値2,
……
WHERE（サブクエリ）;
```

サブクエリには、その結果により、種類があります。

スカラサブクエリ	単一の値だけを結果として返す(合計金額や平均値など)
カラムクエリ	一列のみの結果を返す(東京都にある会社名全部など)
行クエリ	一行のみ結果を返す(ヤマネコ社の郵便番号と住所など)
テーブルクエリ	複数列、複数行を返す。

●「EXISTS」を使った比較

　「サブクエリ」では、「レコードが存在するかどうか」という特殊な条件比較ができます。

　それが「EXISTS」という演算子です。

・「WHERE句」に指定すると、「そのレコードが存在するとき」という条件を指定できる。

・「NOT EXISTS」という式を指定すると、「存在しない」ということを意味する。

65

「MariaDB」の各種機能

この章では、基本的なSQLのうち、「ストアドルーチン」や「トリガー」など、「RDBMS」ごとに挙動が異なりやすい機能をまとめてあります。
また、「MariaDB」固有の機能についても、この章で紹介しています。

第4章 「MariaDB」の各種機能

4-1 「命名規則」と「特殊な文字」の表現

「MariaDB」固有の機能や、RDMSごとに違いやすいポイントについて説明します。特に、「生成列」や「WAIT」などの新機能をここで解説します。

＊

データベースでは、「テーブル」や「レコード」だけでなく、「ストアド・ルーチン」や「トリガー」などのオブジェクトも、「名前」や「ID」で識別します。

こうした名前は、好き勝手につけていいわけではなく、いくつかのルールがあります。

■「命名規則」と「予約語」

「データベース」「テーブル」「インデックス」「列(カラム)」「エイリアス」「ビュー」「ストアド・ルーチン」「トリガー」「イベント」「変数」「パーティション」「テーブル・スペース」「セーブ・ポイント」「ラベル」「ユーザー」「ロール」など識別子の名前は、命名規則に基づく必要があります。

基本的に、どのような名前を付けてもかまいませんが、命名に「予約語」(Reserved Words)と呼ばれる特定の言葉を使いたい場合は、「`」(バック・クォート)で囲む必要があります。

予約語に指定されている単語以外の言葉であれば、「バック・クォート」は不要です。

また予約語の場合でも、「database.select」や「table.update」のように「名前を付けたい対象.予約語」のように完全修飾名で記述する場合は、「バック・クォート」はなくてもかまいません。

よく分からない場合は、予約語を避けましょう。

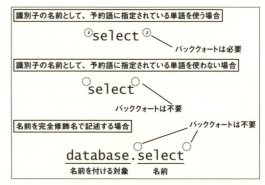

■ 特殊な文字を表現したいとき

文字列に改行などの特殊な記号を入力したいときは、「エスケープ・シーケンス」を使います。

「エスケープ・シーケンス」は、半角の「¥」マーク[1]と、英数字で示します。

エスケープ・シーケンス	意　味
¥0	アスキーコードの「0x00」の文字。C言語などで末端を示すときに使われる
¥'	シングル・クォート文字
¥"	ダブル・クォート文字
¥b	バックスペース文字
¥n	改行文字
¥r	復帰改行文字
¥t	タブ文字
¥z	Ctrlキーを押しながらZを入力したときに入力される記号
¥¥	「¥」文字自体
¥%	「%」文字
¥_	「_」文字

1　MacやLinuxなどでは半角の「＼」(逆スラッシュ)で表記されることもある

第4章 「MariaDB」の各種機能

Column 予約語の一覧と例外

以下の単語が「予約語」として、命名への使用が制限されています。

```
ACCESSIBLE,ADD,ALL,ALTER,ANALYZE,AND,AS,ASC,ASENSITIVE,BEF
ORE,BETWEEN,BIGINT,BINARY,BLOB,BOTH,BY,CALL,CASCADE,CASE,C
HANGE,CHAR,CHARACTER,CHECK,COLLATE,COLUMN,CONDITION,CONSTR
AINT,CONTINUE,CONVERT,CREATE,CROSS,CURRENT_DATE,CURRENT_
TIME,CURRENT_TIMESTAMP,CURRENT_USER,CURSOR,DATABASE,DATABA
SES,DAY_HOUR,DAY_MICROSECOND,DAY_MINUTE,DAY_SECOND,DEC,DEC
IMAL,DECLARE,DEFAULT,DELAYED,DELETE,DESC,DESCRIBE,DETERMIN
ISTIC,DISTINCT,DISTINCTROW,DIV,DOUBLE,DROP,DUAL,EACH,ELSE,
ELSEIF,ENCLOSED,ESCAPED,EXCEPT,EXISTS,EXIT,EXPLAIN,FALSE,
FETCH,FLOAT,FLOAT4,FLOAT8,FOR,FORCE,FOREIGN,FROM,FULLTEXT,
GENERAL,GRANT,GROUP,HAVING,HIGH_PRIORITY,HOUR_
MICROSECOND,HOUR_MINUTE,HOUR_SECOND,IF,IGNORE,IGNORE_
SERVER_IDS,IN,INDEX,INFILE,INNER,INOUT,INSENSITIVE,INSERT,
INT,INT1,INT2,INT3,INT4,INT8,INTEGER,INTERSECT,INTERVAL,IN
TO,IS,ITERATE,JOIN,KEY,KEYS,KILL,LEADING,LEAVE,LEFT,LIKE,
LIMIT,LINEAR,LINES,LOAD,LOCALTIME,LOCALTIMESTAMP,LOCK,LONG,
LONGBLOB,LONGTEXT,LOOP,LOW_PRIORITY,MASTER_HEARTBEAT_
PERIOD,MASTER_SSL_VERIFY_SERVER_CERT,MATCH,MAXVALUE,MEDIUM
BLOB,MEDIUMINT,MEDIUMTEXT,MIDDLEINT,MINUTE_MICROSECOND,
MINUTE_SECOND,MOD,MODIFIES,NATURAL,NOT,NO_WRITE_TO_BINLOG,
NULL,NUMERIC,ON,OPTIMIZE,OPTION,OPTIONALLY,OR,ORDER,OUT,
OUTER,OUTFILE,OVER,PARTITION,PRECISION,PRIMARY,
PROCEDURE,PURGE,RANGE,READ,READS,READ_WRITE,REAL,RECURSIVE,
REFERENCES,REGEXP,RELEASE,RENAME,REPEAT,REPLACE,REQUIRE,RE
SIGNAL,RESTRICT,RETURN,RETURNING,REVOKE,RIGHT,RLIKE,ROWS,
SCHEMA,SCHEMAS,SECOND_MICROSECOND,SELECT,SENSITIVE,SEPARAT
OR,SET,SHOW,SIGNAL,SLOW,SMALLINT,SPATIAL,SPECIFIC,SQL,SQLE
XCEPTION,SQLSTATE,SQLWARNING,SQL_BIG_RESULT,SQL_CALC_
FOUND_ROWS,SQL_SMALL_RESULT,SSL,STARTING,STRAIGHT_JOIN,TAB
LE,TERMINATED,THEN,TINYBLOB,TINYINT,TINYTEXT,TO,TRAILING,
TRIGGER,TRUE,UNDO,UNION,UNIQUE,UNLOCK,UNSIGNED,UPDATE,USAGE,
USE,USING,UTC_DATE,UTC_TIME,UTC_TIMESTAMP,VALUES,VARBINARY,
VARCHAR,VARCHARACTER,VARYING,WHEN,WHERE,WHILE,WINDOW,WITH,
WRITE,XOR,YEAR_MONTH,ZEROFILL
```

●例外とされる予約語

一部の言葉は、予約語であっても、歴史的理由から「バック・クォート」なしで命名に使えます。

```
ACTION.BIT,DATE,ENUM,NO,TEXT,TIME,TIMESTAMP
```

[4-2] 「制約」と「インデックス」「パーティション」

● 「Oracleモード」での予約語

「Oracleモード」の場合、以下の単語も予約語として扱われます。

BODY,ELSIF,GOTO,HISTORY,PACKAGE,PERIOD,RAISE,ROWTYPE,SYSTEM,
SYSTEM_TIME,VERSIONING,WITHOUT

4-2 「制約」と「インデックス」「パーティション」

データベースを安全に使ったり、検索を高速化するための仕組みとして、「制約」や「インデックス」「パーティション」があります。

■ 制約

「MariaDB」は、「CREATE TABLE」または「ALTER TABLE構文」を使って、テーブル単位での制約を設定できます。

「テーブル制約」はテーブルに追加できるデータを制限し、無効なデータを列に挿入しようとすると、エラーを返します。

*

「MariaDB」では、4つのタイプの制約をサポートしています。

表　4つの制約

制　約	説　明
主キー（PRIMARY KEY）	レコードを一意に定めるための列。
外部キー（FOREIGN KEY）	別のテーブルから参照するときに使う。
一意制約（UNIQUE）	設定した列内で同じ値を認めない制約。
チェック制約（CHECK）	データが指定の条件を満たしているかどうかを確認する。

● 主キー制約／一意制約

テーブルの「主キー」は、レコードを一意に定めるための列です。

「重複しないこと」「NULL値でないこと」が求められます。

「主キー」は、必ずしも1つの列で構成する必要はなく、「複合キー」を設定することもできます。

第4章	「MariaDB」の各種機能

「一意制約」は、「同じカラム内に同じ値を許さない」という制約です。

● 外部キー制約

「外部キー」は、テーブル同士をリレーションするときに使うキーです。

「親となるテーブル」と「子となるテーブル」とを対応させるとき、どのレコードが対応するかを関連付けるために使います。

「パーティション・テーブル」には「外部キー」を含めることはできず、「外部キー」から参照することはできません。

「外部キー」を設定すると、他のレコードから参照されている場合(親になっている場合)、削除できません。

このように、「外部キー」を設定していると、削除が問題になります。連携している片方がなくなってしまう可能性があるためです。

ゆえに、オプションで「参照アクション」という設定ができます。

表 参照アクション

参照アクション	説 明
RESTRUCT または NO ACTION	親テーブルに対する削除または更新を拒否する。これはデフォルトの動作。
CASCADE	親が削除または更新されると、子もそれに併せて削除または更新される。
SET NULL	親テーブルを削除した場合、子のテーブルの「親を参照する部分」には「NULL」を設定する。

「外部キー」には、「参照制約」があります。「参照しているテーブルに無い値は入れられない」という制約です。

● チェック制約

「チェック制約」は、条件を指定しておき、条件を満たさないレコードは、登録できないようにする制約です。

書き方は二種類あります。「条件のみ記載する書式」と「制約名を命名する書式」です。

```
CHECK(条件式)
CONSTRAINT [制約名] CHECK (条件式)
```

2番目の形式を使い、「制約」に名前を付けないと、「制約」は自動的に生成された名前になります。

「check_constraint_checks変数」を「OFF」に設定することで、すべての制約式のチェックを無効にできます。

> **Column** 非Null制約
>
> 「Null」(ヌル、ナル)とは、「何も設定されていない」ことを表わす言葉です。
> 「まだ設定されていない場合」や「今後設定しようとしている場合」などを表現するときに使われ、どのデータ型にも設定できます。
> この制約は、「テーブル単位」ではなく「カラム単位」で設定します。

■ インデックス

「CREATE INDEX[1]」または、「ALTER TABLE ADD INDEX」でインデックスを設定できます。

削除は、「DROP INDEX」です。

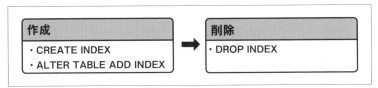

「インデックス」とは、検索で特定の列の行を、素早く見付けるために使われる仕組みです。

設定しておくと、「データの検索」や「テーブルの結合」のときなどに使われます。

「インデックス」がない場合、1レコードずつすべての情報を読んでいくことになり、レコード数に応じて、処理速度が遅くなります。

これを避けるために、「検索しそうな列」の項目に「インデックス用の数値」を紐付け、その「列」と「数値」のみで形成されるインデックスを設定しておくのです。

1　書式についてはp.124参照

第4章 「MariaDB」の各種機能

「MariaDB」では、基本的に、「B木」(B tree)と呼ばれる探索方法[1]を採用しています。

表 インデックスの種類

インデックス	内容
INDEX	通常のインデックス。
Primary Key	主キーを設定すると、自動的にインデックスが作成される。
UNIQUE	重複を許さないインデックス。選択すると、UNIQUE制約が設定される。
SPATIAL	空間を示す列に設定するインデックス。Ver10.2.2から対応。
FULLTEXT	全文検索に設定するインデックス。

■ パーティション

「PARTITION BY句」を使うと、パーティションを設定できます。
削除するには、「DROP PARTITION」です。

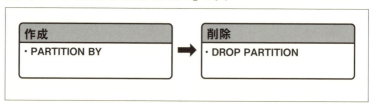

「バージョン5.1」から「パーティション」という機能が実装されています。
これは、データを複数のファイルに分散して書き込む機能です。

データはレコード単位で書き込み先のファイルを決定します。
どのデータをどのファイルに書き込むかという基準になるのが「分割キー」です。
あらかじめ「分割キー」の値によって、書き込み先ファイルを決定しておき、その基準に従って、物理的な場所が割り振られます。

---

[1] データベースエンジンによって、他のインデックスタイプもサポートされています。

[4-2] 「制約」と「インデックス」「パーティション」

　「分割キー」は、必ず「主キー」でなければなりません（「複合キー」の場合は、「主キー」のいずれかでよい）。

　また「主キー」以外のカラムを分割キーとすることはできません。

　「主キー」がない場合は、「一意制約」の設定されたカラムを「分割キー」とします。

　つまり、パーティショニングを行なうには、「主キー」または「ユニーク・キー」のどちらかが、必須であり、それ以外のカラムを「分割キー」にしたい場合は、本末転倒ではありますが、「主キー」として設定する必要があります。

＊

　分割方法は数種類あります。

　分割の基準となる範囲によって分ける「レンジ分割」と、個別に値を登録する「リスト分割」、計算によって求められた値によって分割する「HASH分割」と「キー分割」があります。

表　主な分割方法

分割方法	内　容
レンジ分割	範囲によって割り振る方法。 たとえば「100番以下はパーティション1へ」「200番以下はパーティション2へ」「300番以下はパーティション3へ」のように範囲を指定して割り振っていく。
リスト分割	具体的に対象となる値を1つずつ登録する方法。 たとえば「出身地が東京・神奈川の場合はパーティション1へ」「出身地が大阪・京都・奈良の場合はパーティション2へ」といった具合に値を登録。
ハッシュ分割	関数で計算した結果得られるハッシュ値を使う。
キー分割	値を割り算し、余った値によって割り振っていく方法。
バージョニング分割[1]	履歴のバージョンによって分割。

　分割は二段階行なうこともできます。一次分割をした後にさらに二段階目の分割を行なう方法です。

　ただし、この場合、一次分割で使える分割方法と二段階目で使える分割方法は異なります。注意してください。

　パーティションは、以下のオプションが設定できます。

1　SYSTEM_TIME分割

第4章　「MariaDB」の各種機能

● [パーティションオプション]

```
パーティションオプション:
    PARTITION BY
        { [LINEAR] HASH(expr)
        | [LINEAR] KEY(column_list)
        | RANGE(expr)
        | LIST(expr)
        | SYSTEM_TIME [INTERVAL time_quantity time_unit]
[LIMIT num] }
    [PARTITIONS num]
    [SUBPARTITION BY
        { [LINEAR] HASH(expr)
        | [LINEAR] KEY(column_list) }
      [SUBPARTITIONS num]
    ]
    [(partition_definition [, partition_definition] ...)]
パーティション定義:
    PARTITION パーティション名
        [VALUES {LESS THAN {(expr) | MAXVALUE} | IN (value_list)}]
        [[STORAGE] ENGINE [=] engine_name]
        [COMMENT [=] 'comment_text' ]
        [DATA DIRECTORY [=] 'data_dir']
        [INDEX DIRECTORY [=] 'index_dir']
        [MAX_ROWS [=] max_number_of_rows]
        [MIN_ROWS [=] min_number_of_rows]
        [TABLESPACE [=] tablespace_name]
        [NODEGROUP [=] node_group_id]
        [(サブパーティション定義[,サブパーティション定義] ...)]
サブパーティション定義:
    SUBPARTITION logical_name
        [[STORAGE] ENGINE [=] engine_name]
        [COMMENT [=] 'comment_text' ]
        [DATA DIRECTORY [=] 'data_dir']
        [INDEX DIRECTORY [=] 'index_dir']
        [MAX_ROWS [=] max_number_of_rows]
        [MIN_ROWS [=] min_number_of_rows]
        [TABLESPACE [=] tablespace_name]
        [NODEGROUP [=] node_group_id]
```

[4-3] 「トランザクション」と「ロック」

Column Galera Cluster

「Galera Cluster」とは、「バージョン10.1」からサポートされた、複数の「MariaDB」で分散処理する「マルチマスタ・クラスタ・システム」です。
同期レプリケーションなので、全体を迅速に反映でき、クラスタを構成する一部に障害が発生しても、引き続きデータベースを利用できます。

4-3 「トランザクション」と「ロック」

データベースへの書き込みを失敗しないために、「トランザクション」と「ロック」が使えます。

「トランザクション」は、「複数のSQL」をまとめて実行する仕組みです。「途中で止まってしまった」ということを防ぎます。

「ロック」は、何か「SQL」を実行している最中に、「他のSQLの実行」に制限をかける仕組みです。書き換え合戦を防ぎます。

■ トランザクション

「トランザクション」は、複数のSQLの実行をまとめて行なうための仕組みです。
トランザクションを指定しない場合は、SQLは1文ずつ実行されますが、トランザクションを設定すると、操作内容がまとめて実行され、すべて「実行された」か「されていない」かのいずれかの状態になります。

「START TRANSACTION」[1]または、「BEGIN」でトランザクションを開始できます。
これらのステートメントと、「COMMIT」で囲まれた部分が、トランザクションとして実行されます。
「COMMIT」の代わりに、「ROLLBACK」を使うと、実行した内容を取り消すことができます。
ただし、「CREATE」「ALTER」「DROP」などのDDL文[2]や、「FLUSH」

---

1 書式については p.129参照
2 テーブルやデータベースに対する操作。レコードを操作する場合は、「DML文」と言う。

77

第4章	「MariaDB」の各種機能

「RESET」などの管理する文の場合は、その時点で実行されてしまい、ロールバックできません。

代わりに、実行された直後からのSQL文を自動的に「新トランザクション」とするため、実行直後までは戻ることができます。

*

また、「ストアド・ファンクション」や「トリガー」では、トランザクションを使えません。

「ストアド・プロシージャ」と「イベント」では「BEGIN」は許可されていないので、代わりに「START TRANSACTION」を使います。

●トランザクション分離レベル

「トランザクション分離レベル」は、トランザクション処理中に、他のユーザーによる操作が、どの程度見えるのか、見えないのかを定めるものです。

「SET TRANSACTION ISOLATION LEVEL」で指定します。

表 分離レベル

分離レベル	内　容
READ UNCOMMITTED	いちばん低い分離レベル。 「SELECT文」を実行するとき、まだコミットされていないデータ（ダーティリード）を読み込む可能性がある。
READ COMMITTED	ダーティリードを解決したもの。 コミットされたデータしか読み取らない[1]。「MariaDB」「MySQL」以外の多くのデータベースのデフォルト。
REPEATABLE READ	デフォルトの分離レベル。 「ノンリピータブル・リード」の問題を解決したもの。 トランザクションを開始するときに、現在のテーブルの状態のスナップショットを作ることによって、トランザクションの間、他のユーザーがトランザクションに対して行なった変更の影響を受けないようにしたもの。
SERIALIZABLE	トランザクションを完全に分離して処理。 もっとも高い分離レベルだが、これを実現するために、読み込んだすべてのレコードに行ロックをかける。そのためロックの競合が多発し、パフォーマンスが大きく低下する恐れがある。

1　あくまでもコミットされたデータしか読み取らないというだけなので、レコードを参照したあと、他のユーザーが書き換えれば、その書き換えた内容は、すぐに反映される。つまり同じSELECT文を実行しても、1回目と2回目とで、他のユーザーの処理が割り込むことによって結果が変わる可能性がある。これを「ノンリピータブル・リード」や「ファジー・リード」と言う。

[4-3] 「トランザクション」と「ロック」

「MariaDB」では、「WITH CONSISTENT SNAPSHOT」オプションを使うと、「XtraDB」や「InnoDB」などのストレージエンジンで一貫性非ロック読み取り[1]を使えます。

これは、DBへの問い合わせに対し、ある時点でのスナップショットを提供する機能です。

■ ロック

「ロック」とは、データにアクセスしている間、他のユーザーが読み書きできないようにするため、アクセス制御する操作です。

「ロック」には、「**共有ロック**」[2]（読み取りロック）と、「**排他ロック**」[3]（書き込みロック）とがあります。

①「自分が読み込んでいる最中だから、書き込まないでほしい（データベースを変えないでほしい）」というのが「**共有ロック**」、②「自分が書き込んでいる最中だから、書き込まないのはもちろん、（値がまだ確定してないから）読み込まないでほしい」というのが「**排他ロック**」です。

表 「MariaDB」で設定できるロックの種類

ロック	内容
READ	共有ロック（読み取りロック）。他者に書き込ませない。
READ LOCAL	共有ロックだが、挿入は許可する。上書きは許さない。
WRITE	排他ロック（書き込みロック）。他者に見せない、書き込ませない。
LOW_PRIORITY WRITE	排他ロックだが、ロックを取得するまではテーブルに対する新しい「共有ロック」を許可する。
WRITE CONCURRENT	排他ロックだが、テーブルへの「READ LOCAL ロック」を許可する。

---

1 トランザクション分離レベルが、「READ UNCOMMITTED」の場合には、読み取りがロックされないので、これを併用すると便利。

2 英語では「shared lock」「read lock」。「読み取り」という名だが、書き込みも制限されることに注意。

3 「占有ロック」とも言う。英語では「exclusive lock」「write lock」。

79

ロックは、対象によって使うステートメントが異なります。

レコードに「排他ロック」をかけるのであれば、「SELECT文 FOR UPDATE句」、「テーブル・ロック」をかけるのであれば「LOCK TABLES」、「アプリケーション・ロック」をかけるのであれば「GET_LOCK」を使います。

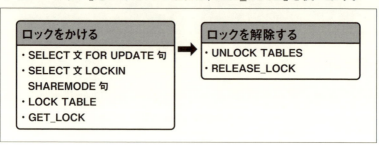

「LOCK TABLES」では、「ビュー」および「トリガー」に対して、ロックをかけると、元となったテーブルにもロックが暗示的にかかります。

■アプリケーション・ロック

「アプリケーション・ロック」とは、「MariaDB」側でロックをかけるわけではありません。

「アプリケーション・ロック」が宣言されている場合に、そのほかのアクセスをブロックする仕組みです。

＊

たとえば、誰かが作ったシステムで、処理が2つある場合に、「処理A」が、「アプリケーション・ロック」を宣言します。

すると、「A」が占有状態になるので、「処理B」が、同じく宣言してアクセスしようとしても、ブロックされてしまいます。

ブロックされるかどうかは、使用中の「アプリケーション・ロック」と、同じ名前のロックを宣言するかどうかで判断されるので、違う名前を宣言したり、そもそも宣言しない場合は、ブロックされません。

これにより、何か、SQLを実行する前に、「アプリケーション・ロック」を宣言するプログラムにしておけば、同時に処理したくないSQLを実行しません。

[4-4] ビューと表示

「IS_FREE_LOCK」や、「IS_USED_LOCK」を使えば、現在「アプリケーション・ロック」を使用中かどうか分かるので、「処理A」を実行したいときには、他を排他したいものの、他の処理は排他せずに実行したいときに便利です。

■ WAIT/NOWAIT

「WAIT/NOWAIT」は、「バージョン10.3」から実装された機能で、ロックされてからエラーになるまでの時間を設定できるものです。「WAIT n」の「n」には秒数を入れて設定します。

以下の構文で使えます。

```
ALTER TABLE tbl_name [WAIT n|NOWAIT] ...
CREATE ... INDEX ON tbl_name (index_col_name, ...) [WAIT n|NOWAIT] ...
DROP INDEX ... [WAIT n|NOWAIT]
DROP TABLE tbl_name [WAIT n|NOWAIT] ...
LOCK TABLE ... [WAIT n|NOWAIT]
OPTIMIZE TABLE tbl_name [WAIT n|NOWAIT]
RENAME TABLE tbl_name [WAIT n|NOWAIT] ...
SELECT ... FOR UPDATE [WAIT n|NOWAIT]
SELECT ... LOCK IN SHARE MODE [WAIT n|NOWAIT]
TRUNCATE TABLE tbl_name [WAIT n|NOWAIT]
```

4-4 ビューと表示

ビューを使うと、複数のテーブルをあたかも1つのテーブルに見せかけることができます。

また、テーブルとは別の権限を設定できるのも便利です。

■ ビュー(VIEW)

「ビュー」とは、「SELECT文」による結果を基に作った仮想的なテーブルです。

テーブルのあらかじめ定めた「SELECT文」の実行結果を見る機能であり、結果は、参照するたびに都度作られます。

「CREATE VIEW」で作り、「ALTER VIEW」で変更、「DROP VIEW」で削除できます。

第4章 「MariaDB」の各種機能

　なお、「SELECT構文」の「FROM句」に副問い合せを含めたり、「システム変数」「ユーザー変数」「プリペアード・クエリ」のパラメータを参照することはできません。

　また、「ストアド・ルーチン」内では、定義は「プログラム・パラメータ」または「ローカル変数」を参照できません。

　「一時テーブルを参照できない」「トリガーをビューに関連付けることはできない」など、制限があるので注意してください。

> ※「ビュー定義」は作成時に凍結されるため、ビューを作った後、基礎となるテーブルに変更を加えても、「ビュー」には反映されません。
> 　たとえば、「ビュー」が基礎となるテーブルを「SELECT*」として参照定義している場合、後からテーブルに追加された新しい列は、「ビュー」の一部にはなりません。

■非表示設定(INVISIBLE属性)

　「バージョン10.3.3」より実装された機能で、「CREATE TABLE」または「ALTER TABLE構文」において、列に「INVISIBLE属性(非表示設定)」を指定できます。

　これらの列は「SELECT文」で全部の列を指定した場合の結果にも表示されず、レコードの挿入時にも非表示設定されている列については、記述する必要はありません。

　「SELECT構文」で明示的に参照されている場合、列は「ビュー/新しいテーブル」に入れられますが、「非表示設定」は引き継がれません。

　「非表示列」は「NOT NULL」として宣言できますが、その場合は「DEFAULT値」が必要です。

　テーブル内のすべての列を「非表示」にすることはできません。

[4-4] ビューと表示

■ 生成列(Generated Columns)

「生成列」(Generated Columns)とは「関数」や「式」などを使い、計算した結果をカラムとして作る機能です。

「バージョン10.2」からサポートされました。

「生成列」は、「計算列」(Persistent/Stored Columns)または「仮想列」(Virtual Columns)とも呼ばれます。

「生成列」は、読み取り専用の列であり、その値は式に基づいて自動的に生成されます。

この式は、テーブル内の他の列の値に基づいて値を生成することも、「組み込み関数」または「ユーザー定義関数」(UDF)を呼び出すことによって値を生成することもできます。

*

生成列には、実際にテーブルに格納される種類と、そうでない種類があります。

「PERSISTENT型」または「STORED型」は、実際にはテーブルに格納されますが、「VIRTUAL型」の場合は、格納されません。代わりに、テーブルが照会されたときに値が動的に生成されます。デフォルトは、後者のタイプです。

[生成列の定義を行なう書式]

```
データ型
    [GENERATED ALWAYS] AS
    { { ROW {START|END} } | { (expression) [VIRTUAL |
PERSISTENT | STORED] } }
    [UNIQUE [KEY]] [COMMENT '文字列']
```

83

第4章 「MariaDB」の各種機能

4-5 データベースの便利な機能

「プリペアード・ステートメント」や、「ストアド・プロシージャ」を使うと、SQLの実行速度を上げられます。

■「プリペアード・ステートメント」(PREPARED STATEMENT)

「プリペアード・ステートメント」は、その名のとおり、あらかじめ「SQL文」を登録しておくことで、SQL実行の高速化を図るものです。

「PREPARE」でSQL文をセットし、「EXECUTE」で実行、「DEALLOCATE」または「DROP」で削除できます。

「プリペアード・ステートメント」は、セット時に構文名を付けて管理します。

すでに、同じ構文名が存在する場合は、「すでにセットずみのSQL文」を「新しくセットしたSQL文」で上書きします。

もし、新しいSQL文にエラーがあった場合は、新しいSQL文はセットされませんが、古いSQL文も、削除されます。

つまり、同名の構文名の場合、「新しいSQL文」をセットできようができまいが、セットしようとした段階で、古いSQL文は削除されるということです。

*

「プリペアード・ステートメント」は、「ストアド・プロシージャ」内は使えますが、「ストアド・ファンクション」や、トリガー内では使えません。

また、「SQL文」がプロシージャの文中でセットされていても、プロシージャ終了時に削除されることはありません。

*

「プリペアード・ステートメント」は、ユーザー定義変数にアクセスできますが、「ローカル変数」または「プロシージャのパラメータ」にはアクセスできません。

「max_prepared_stmt_count変数」は、サーバ上で登録できる「プリペアー

ド・ステートメント」の最大数を決定します。0に設定すると、「プリペアード・ステートメント」は使用できません。

■「ストアド・ルーチン」(STORED ROUTINES)

「ストアド・ルーチン」とは、一連のSQLをDBに登録しておく仕組みです。
「MariaDB」では、「ストアド・プロシージャ」と「ストアド・ファンクション」の2種類があります。

●「ストアド・プロシージャ」(Stored Procedure)

「ストアド・プロシージャ」は、データベース上で実行できる小さなプログラムです。

・「SQL文」をまとめて登録することもできる。
・「CREATE PROCEDURE」で作成し、「CALL」で呼び出す。
・プロシージャは、名前を付けて管理し、「ALTER」で変更、「DROP」で削除する。
・登録する中身は、「BEGIN」と「END」の間に置く。
・実行が速く、データ処理をサーバにまかせられるので、クライアントの付加が減る。

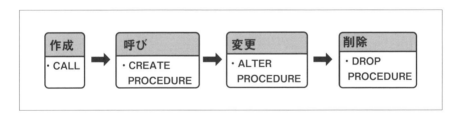

●「ストアド・ファンクション」(Stored Function)

「ストアド・ファンクション」は、関数を追加する機能です。

・「CREATE FUNCTION」で作成し、登録する中身は、「BEGIN」と「END」の間に置く。
・プロシージャは名前を付けて管理し、「ALTER」で変更、「DROP」で削除する。
・独自の集計や計算したいときなどに使う。
・「ストアド・プロシージャ」と異なり、「ストアド・ファンクション」は、実

第4章　「MariaDB」の各種機能

行すると「戻り値」（もどりち）を返す。

また、「ストアド・プロシージャ」は「CALL」を使って実行しましたが、「ストアド・ファンクション」は、関数であるため、「SELECT文」や「WHERE句」など関数を記述する場所であれば、どこにでも書けます。

● 「ストアド・アグリゲート・ファンクション」(Stored Aggregate Functions)

「ストアド・アグリゲート・ファンクション」は、「バージョン10.3.3」から実装された機能です。

「アグリゲート・ファンクション」とは「集約関数」[1]のことです。

オリジナルの「集約関数」を作ることができます。

・基本的な作成方法や削除方法は、「ストアド・ファンクション」と同じで、「CREATE AGGREGATE FUNCTION」で作成できる。
・ループの中に、「FETCH GROUP NEXT ROW」を記述し、どのように集約するかの処理を書く。
・この機能は、「Oracleモード」時にもサポートされている。

■ トリガー(Trigger)

「トリガー」は、イベントが発生したときに、任意のSQLを実行する機能です。

「イベント」とは、「INSERT」「UPDATE」「DELETE」のいずれかを指します。

「トリガー」[2]は、「CREATE TRIGGER」で作成し、「DROP」で削除できます。

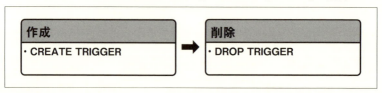

1　p.169参照
2　「MariaDB 10.2.3」までは、「イベント／タイミング」の組み合わせごとに、テーブルに定義できる「トリガー」は1つだけだったが、現在は複数設定できるようになっている。

イベントに対し、イベント前に実行するのか、後に実行するのかを「BEFORE」と「AFTER」で設定できます。

■「イベント・スケジューラー」(Event Scheduler)

「イベント・スケジューラー」は、スケジュールに基づいてSQLを実行できる機能です。
「タスク・スケジューラ」や「クローン」のような機能です。
・「CREATE EVENT」で作って名前を付けて管理、「ALTER」で変更、「DROP」で削除。
・実行は、定められた時間になったら行なわれる。
・「ON SCHEDULE」でスケジュールを、「DO」で実際に行なうSQL文を登録。

4-6　「更新履歴」を残すテーブル機能

「更新履歴」を残すテーブル機能が用意されています。
この機能を有効にすると、テーブルのレコードごとに、更新の履歴が残るようになります。

■ システム・バージョニング・テーブル

「システム・バージョニング・テーブル」は、更新(上書き、追加、削除)した場合でも、更新前の古いレコードを更新日時の記録とともに、残しておく機能です。
「WITH SYSTEM VERSIONING」句で機能を有効にできます。

第4章 「MariaDB」の各種機能

テーブルに対して、この機能を有効にすると、レコードの最後に、見えない列として[1]更新の時刻に関する列が2つ(「ROW_START」と「ROW_END」)追加されます。

・上書き(UPDATE)や追加(INSERT)した場合は、「ROW_START」にサーバ時刻が書き込まれ、「ROW_END」には、「2038-01-19 03:14:07.999999」[2]という遠い未来の時刻(実質永遠ということ)が書き込まれる。

・削除(DELETE)した場合は、「ROW_END」に、その時点の時刻が上書きされ、そのレコードは、表面的には、無いものとして扱われる。

*

「CREATE TABLE」でのテーブル作成時に、機能を有効にして作ることもできますし、すでに作成したテーブルに対して、機能を追加することもできます(ADD SYSTEM VERSIONING)。

通常、「履歴」(古いレコードや、更新時刻の列)は、オモテに出てきません。

ただ、「SELECT文」の「FROM句」で、「FOR SYSTEM_TIME」を使うと、残された古いレコードも含めた結果が表示されます。

「ROW_START」と「ROW_END」の列を明示的に指定すると、更新時刻が取得できます。

*

履歴は削除できますが、「XX以前」や、「すべて」のような大雑把な指定しかできませんし、上書きもできません。

この機能を使うと、履歴のぶんだけ容量を消費します。それを避けるには、「履歴部分」と「現在使っているデータ」とを分けてパーティショニングするといいでしょう。

*

トランザクション時にこの機能を使う場合は、時刻の代わりに「トランザクションID」が使われます。

そのために、「ROW_START」と「ROW_END」のデータ型を「BIGINT型」に指定する必要があります。

また、参照時にも、「トランザクションID」を指定します。

---

1 見えるように指定もできる
2 MariaDBで指定できる時刻の最大値

[4-6] 「更新履歴」を残すテーブル機能

「WITHOUT SYSTEM VERSIONING」を使うと、列をバージョニングの対象から除外でき、その列が変わるだけでは履歴が残らないようになります。

■ アプリケーション期間テーブル

「アプリケーション期間テーブル」は、「システム・バージョニング」と同じような機能[1]ですが、自動的にサーバ時刻を取得するのではなく、更新クエリ実行時に、クエリとして時刻の取得を指定[2]するので、任意の時刻を書き込ませることができます。

「NULL」にすることはできません。

「システム・バージョニング・テーブル」とは異なり、履歴の一部削除や上書きにも対応しています。

■ バイテンポラル・テーブル

「バイテンポラル・テーブル」は、「システム・バージョンニング」「アプリケーション期間」の両方の情報をもつテーブルです。

1　「システム・バージョニング・テーブル」と「アプリケーション期間テーブル」は、時刻の書き込み以外の違いはないが、似た名前ではないことに不審に思う向きもあるだろう。
元ネタになったと思われるIBMのデータベースの機能では、「システム期間テーブル」「アプリケーション期間テーブル」という対になる名前になっているので、本来は、「システム・バージョニング」も「システム期間テーブル」と呼んだほうが座りがよかったのではないだろうか。「システム・バージョニング」は、「SQL Server」から取った名前と思われる。
2　たとえば、「UPDATE文」の中に、時刻を書き込む引数を加えておくと、指定の列に書き込まれる。このとき、サーバの時刻を取得するだけでなく、「＋2時間」「3年前」などの指定もできてしまうので、任意の時間を書き込める。
これは改竄防止には役立たないが、たとえば、スーパーの就業時(21時)に価格の変更をして、履歴としては、次の日の始業時などに設定しておくと、別の会計処理でも使いやすくなる利点がある。

| 第4章 | 「MariaDB」の各種機能 |

4-7　　　　　　　ユーザーと権限

　「MariaDB」では、アカウントを、「ユーザー名」と「接続元のホスト名」の組み合わせで管理します。

　そのため、ユーザー名が同じであっても、接続元のホストが異なる場合は、別のアカウントと見なします。

■ アカウント名

　「アカウント名」は、「ユーザー名」と「接続元のホスト名」で構成されます。

```
'ユーザー名'@'接続元ホスト名'
```

　「ユーザー名」と「ホスト名」は、引用符で囲まないか、「ダブル・クォーテーション」(")または「シングル・クォーテーション」(')、「バック・クォート」(`)でくくります。

　引用符で囲む場合は、「ユーザー名」と「ホスト名」を別々に引用符で囲む必要があります。

●接続元ホスト名

・「接続元のホスト名」は、指定されていない場合は、'%'と見なされる。
・「ホスト名」には、ワイルドカード[1]として「%」と「_」を含めることができる。これらの文字を、「その文字そのもの」として使いたい場合は、文字の前に「¥マーク[2]」を付ける。
・「大文字」と「小文字」は区別されない。
・「ドメイン名」と「IPアドレス」のどちらでも指定できる。
・「ローカル・クライアント接続」のみを許可したい場合は、ホスト名として'localhost'を指定。
・ホスト名として「IPアドレス / サブネットマスク」の書式で指定し、IPアドレスの範囲を設定することもできる。

1　ワイルドカード文字のエスケープについては、公式ナレッジベースのLIKEに詳しい。
2　日本語キーボードでは、「¥」マークだが、実際は「＼」(バックスラッシュ)。

●ユーザー名

- ユーザー名の場合は、「大文字」と「小文字」を区別する。
- ユーザー名の長さは最大80文字。
- 空のユーザー名は、「匿名アカウント」として扱われる。つまり、ログインの際、任意のユーザー名が許可される。
- ユーザーが接続したときに、複数のアカウントが一致することがある。その場合は、ホスト名が指定されているアカウントが優先される。
- アカウント名のユーザー名部分を空にすると、「匿名アカウント」（アノニマス）として扱われる。
- ユーザーは、「CREATE」で作成し、「GRANT」で特権を与える。削除は「DROP」

■「ロール」とは

「ロール」は多数の「特権」をまとめたものです。

もし、同じ特権を与えたいユーザーが複数存在する場合、ユーザー一人ずつに対して設定をしていくのは大変です。

そこで、ロールに「特権」を設定し、ユーザーに対してロールを紐づけるようにすれば、同じ特権の組み合わせを複数のユーザーに適応させることができますし、変更も容易です。

＊

ロールはユーザーと同じように「CREATE」でロールを作り、「GRANT」で特権を与えます。

削除や特権の変更も同じようにできます。

| 第4章 | 「MariaDB」の各種機能 |

■「権限」とは

「権限」(Privilege)とは、ユーザーやロールが、どのような操作ができるかの設定です。

「MariaDB」では、「サーバ全体(グローバル)」「データベース全体」「テーブル」「ルーチン」あるいは「テーブル内の個々の列」に設定できます。

●権限の指定方法

「権限」には、いくつかのレベルがあります。

すべての操作ができる「グローバル権限」をはじめ、「データベース単位」「テーブル単位」など、操作できる対象の範囲によって選択します。

上のレベルは下のレベルの操作も可能ですが、あまり幅広く権限を認めてしまうと、セキュリティ上の問題になりやすいので、できるだけ最小で設定するのが肝要です。

表　権限のレベル

権限の種類	内　容
グローバル権限	すべての「データベース」「ユーザー・アカウント」「テーブル」「関数」「プロシージャ」に対する権限。 ・設定できる権限 CREATE USER,FILE,GRANT OPTION(権限の設定を許す), PROCESS（実行中のプロセス一覧表示を許す), RELOAD（FRUSHステートメントを許可), REPLICATION CLIENT（マスターやスレーブのステータス表示を許可), REPLICATION SLAVE（スレーブとして動作することを許可), SHOW DATABASES,SHUTDOWN,SUPER（rootユーザーとしての権限を許可)
データベース権限	テーブルと関数、およびデータベース内のすべての「テーブル」「関数」「プロシージャ」に対する権限。 ・設定できる権限 CREATE,CREATE ROUTINE,CREATE TEMPORARY TABLES,DROP,EVENT,GRANT OPTION,LOCK TABLES

[4-7] ユーザーと権限

テーブル権限	テーブル内の「データ操作」に対する権限。 ・設定できる権限 `ALTER,CREATE,CREATE VIEW,DELETE,DELETE HISTORY,DROP,GRANT OPTION,INDEX,INSERT, SELECT,SHOW VIEW,TRIGGER,UPDATE`
列(カラム)権限	「列操作」に対する権限。 ・設定できる権限 `INSERT`(列名リスト)`,SELECT`(列名リスト)`, UPDATE`(列名リスト)
関数権限	「関数の作成や実行」などの操作に対する権限。 ・設定できる権限 `ALTER ROUTINE`(変更)`,EXECUTE`(実行)`, GRANT OPTION`
プロシージャ権限	「プロシージャの作成や実行」などの操作に対する権限。 ・設定できる権限 `ALTER ROUTINE`(変更)`,EXECUTE`(実行)`, GRANT OPTION`
USAGE権限	実際の権限ではなく、GRANT OPTION や MAX_USER_ CONNECTIONS など、ユーザーオプションの変更に関する権限。
プロキシ権限	他のユーザーに成り代われる権限。 ・設定できる権限 `PROXY`

すべての権限を設定するには、「ALL PRIVILEGES」を指定します。

この指定方法は、すべてのレベルで使えます。

ただし、使用可能なすべての権限を付与[1]するものの、与えられた権限レベルより上のことはできません。

また、特殊な権限として、「USAGE権限」があります。

これは、実際の権限ではなく、オプションを指定します。

1　一部例外もある

第5章

「MariaDB」の SQLリファレンス

> リファレンス形式で、「MariaDB」で使えるSQLを抜粋しています。数が多いので、すべてを網羅していませんが、おおよそよく使うものをまとめてあります。
> 「MariaDB」では、同じ機能を実装するのに、複数の構文が選べるケースがあります。その点にも注意しておきましょう。

| 第5章 | 「MariaDB」のSQLリファレンス |

5-1 データベースに関わる「SQL」

この章では、リファレンス形式で主要なSQLを紹介していきます。文法的な説明なので、使い方については3章と4章を参照してください。

最初にデータベースに関わる「SQL」を紹介します。

このような言語を、「データ定義言語」(DDL[1])と言います。

データベースやテーブルを、「作成」「変更」「削除」するようなステートメントです。

■ データベースの操作

データベース(データベース領域)に関わる「SQL」です。

データベースは、「CREATE」で作成し、「DROP」で削除します。

項　目	ステートメント
データベースの作成	CREATE DATABASE
データベースの属性変更	ALTER DATABASE
データベースの削除	DROP DATABASE
データベースの一覧表示	SHOW DATABASES
データベース作成時のSQL文の確認	SHOW CREATE DATABASE
データベースへの接続	USE

●データベース操作の権限

「MariaDB」および「MySQL」でのデータベース関連の操作には、操作ごとの「権限」が必要です。

たとえば、データベースの作成を行なうには「データベース作成権限」、削除を行なうには「データベース削除権限」が必要となります。

「PostgreSQL」など他のデータベースと、権限の形式が違うので注意してください。すべての権限を保持する「SUPER」という権限もあります。

権限は、ユーザーに対して設定します。ユーザー作成時に設定できる他、後から変更することもできます。

1　Data Definition Language

96

[5-1] データベースに関わる「SQL」

●「DATABASE」と「SCHEMA」

他の「RDBMS」と異なり、「MariaDB」や「MySQL」では、「DATABASE」と「SCHEMA」は同じものです（「MySQLバージョン5.0.2」より実装）。

そのため、「DATABASE」と記述する箇所を「SCHEMA」と書くことができます。

■ データベースの作成　（CREATE DATABASE）

データベース（データベース領域）を作るには「CREATE DATABASEコマンド」を使います。このコマンドを使うには、データベースの「作成権限」が必要です。

作成と同時に「データベース名」（64文字以内）を決めます。
データベース名は「命名規則」[1]に従う必要があります。同じ名前のデータベースは作ることができません。

●書式

```
CREATE [OR REPLACE] {DATABASE | SCHEMA} [IF NOT EXISTS] データ
ベース名 [生成定義] ...

生成定義：
    [DEFAULT] CHARACTER SET [=] 指定したい文字コード
  | [DEFAULT] COLLATE [=] 指定したい照合順序
```

表　オプション

IF NOT EXISTS	同じ名前のデータベースは作ることはできない。そのため、すでに同名のデータベースが存在する場合は、エラーが表示されるが、「IF NOT EXISTS句」が使われていれば、エラーではなく警告を返す。
OR REPLACE	「10.1.3」から実装された機能。その名の通り、データベースを置き換えるもの。もし同じ名前のデータベースがあった場合は、すでにあるデータベースを削除し、新しく指定した名称のデータベースを作る。
CHARACTER SET	テーブルなどを作るときに、デフォルトとなる文字コード。
COLLATE	テーブルなどを作るときに、デフォルトとなる照合順序。

1　p.68参照

第5章 「MariaDB」のSQLリファレンス

■ データベースの削除 （DROP DATABASE）

データベースを消去するには「DROP DATABASEコマンド」を使います。
このコマンドを使うには、データベースの削除権限が必要です。

データベースを削除すると、中に含まれるテーブルなどもすべて消去されます。

ただし、データベースを削除した場合も、ユーザーのもつデータベース操作権限類は削除されないので、注意してください。

● [書式]

```
DROP {DATABASE | SCHEMA} [IF EXISTS] データベース名
```

表　オプション

IF EXISTS	削除命令を出しても、そのデータベースが存在しない場合は、エラーが表示される。「IF EXISTS」を使うと、エラーは表示されず、存在しないデータベースごとにNOTEが生成される。

■ データベースの属性変更（ALTER DATABASE）

「ALTER DATABASE」を使うと、データベースの属性(データベース名、文字コード、照合順序)を変更できます。

これらの情報は、データベースディレクトリの「db.optファイル」に格納されています。

「ALTER DATABASE」を使うには、データベースに対する「ALTER権限」が必要です。

● [書式]

```
ALTER {DATABASE | SCHEMA} [データベース名] [ALTER定義] ...

ALTER定義 :
    [DEFAULT] CHARACTER SET [=] 指定したい文字コード
  | [DEFAULT] COLLATE [=] 指定したい照合順序
```

[5-1]　データベースに関わる「SQL」

表　オプション

CHARACTER SET	テーブルなどを作るときに、デフォルトとなる文字コード
COLLATE	テーブルなどを作るときに、デフォルトとなる照合順序

　なお、データベースのデフォルトの文字セット/照合順序を変更しても、それ以前に作成されたテーブルなどの属性は変更されません。
　当然、「ストアド・ルーチン」(「ストアド・プロシージャ」と「ストアド・ファンクション」のこと)も変更されず、動かなくなるので、注意が必要です。削除して再作成する必要があります。

■ データベースの一覧表示(SHOW DATABASES)

　「SHOW DATABASES」は、データベースの一覧を表示します。
　このコマンドの実行には「SHOW DATABASES権限」が必須ではありません。
　実行すると、自分が何らかの権限[1]をもっているデータベースだけが表示されます。サーバが「--skip-show-database」オプションで起動された場合は、表示されません。
　もし、すべてのデータベースを表示させたい場合は、グローバルな「SHOW DATABASES権限」が必要です。

● [書式]

```
SHOW {DATABASES | SCHEMAS} [LIKE 'パターン' | WHERE 評価式]
```

表　オプション

LIKE	LIKE句。パターンに一致するものを指定できる。
WHERE	WHERE句。条件に合致するものを指定できる。

1　「なんらかの権限」とは、「作成・削除」や「変更」など、操作する権限を指す。
「データベース」に対する権限だけでなく、「テーブル」に対する権限であっても、そのテーブルが含まれるデータベースが一覧で表示される。

第5章 「MariaDB」のSQLリファレンス

■ 使うデータベースを指定する(USE)

「USE」を使うと、明示的にデフォルトのデータベースを指定できます。

サーバ内にデータベースが複数ある場合は、「データベース名」を指定しないと、デフォルトのデータベースに対して行なった操作だと見なされます。

このデフォルトのデータベースを指定するのが「USEコマンド」です。

分かりやすく言えば、それ以降の操作は、「USE」で宣言したデータベースに対する操作であることを明確にしているので、別のSQL文を打つ際にデータベース名を省略できるようになります。

● [書式]

```
USE データベース名
```

[5-2] テーブルに関わる SQL ①（作成・削除・表示）

5-2 テーブルに関わるSQL①（作成・削除・表示）

テーブルに関わる「SQL」を紹介します。

テーブルもデータベースと同じように、「作成」「削除」「変更」「表示」などを行ないます。こちらもデータベースと同じDDLです。

■ テーブルの操作

テーブルの操作に関するSQL文は数多くあります。

「CREATE」で**作成**し、「ALTER」で**属性の変更**、「DROP」で**削除**するという基本から押さえましょう。

> ※なお、「ALTER TABLE」は項目が多いので、次の節でまとめて紹介しています。

項　目	ステートメント
テーブルの作成	CREATE TABLE
テーブルの属性変更	ALTER TABLE
テーブルの削除	DROP TABLE
テーブルの一覧表示	SHOW TABLES
テーブル作成時のSQL文の確認	SHOW CREATE TABLE
列情報を表示する	SHOW COLUMNS／DESCRIBE
壊れたテーブルを修復する	REPAIR TABLE
CHECKSUMを検索する	CHECKSUM TABLE
テーブル名を変更する	RENAME TABLE
テーブルを最適化する	OPTIMIZE TABLE
テーブルを分析する	ANALYZE TABLE
テーブルにエラーがないか調べる	CHECK TABLE
テーブルをカラにする	TRUNCATE TABLE
テーブルをリストアする	RESTORE TABLE
テーブルをバックアップする	BACKUP TABLE
テーブル情報を確認する	SHOW TABLE STATUS

| 第5章 | 「MariaDB」のSQLリファレンス |

■ テーブルの作成(CREATE TABLE)①

指定された名前でテーブルを作るには、「CREATE TABLE」を使います。

テーブルを作るには、そのテーブルまたはデータベースに対する「CREATE権限」が必要です。

最も基本的な形式では、「テーブルの名前」「テーブル定義」を設定して作ります。

簡単に言えば、「テーブルの中の列(カラム)の構造を含めて設定する」ということです。

「テーブル定義」には、「列の名前」「列の定義」が含まれます。

「列の定義」とは、「null値」を認めるかどうか、「オートナンバー」「主キー」「外部キー」の定義などを行ないます。

テーブルは、デフォルトとなっているデータベースに作られます。

デフォルトは、「USE」で宣言し、デフォルトではないデータベースに作りたい場合は、「データベース名.テーブル名」[1]の形で連続して記述します。CREATE TABLE ステートメントは自動的に現在のトランザクションをコミットします。

●[書式]

```
CREATE [OR REPLACE] [TEMPORARY] TABLE [IF NOT EXISTS] テーブル
の名前
    (テーブル定義,...) [テーブルオプション[2]]... [パーティションオプ
ション]
    [SELECT文][3]

テーブル定義:
    { 列の名前 列の定義 | インデックス定義 | 期間定義 | 制約 (評価
式) }
SELECT文:
    [IGNORE | REPLACE] [AS] SELECT ...
```

---

1 テーブル名を引用符で囲む場合は、「データベース名」と「テーブル名」を別々に「`データベース名`.`テーブル名`」として引用符で囲む必要がある。
2 テーブルオプションと、パーティションオプションについては、巻末参照
3 SELECT文を定義する場合は、テーブル定義を省略することができる。

[5-2] テーブルに関わるSQL ① (作成・削除・表示)

表　オプション

OR REPLACE	テーブルを置き換えるもの。 もし同じ名前のテーブルがあった場合は、すでにあるテーブルを削除し、新しく指定した名称のテーブルを作る。
TEMPORARY	一時テーブルとして作る。 セッションが終了すると、一時テーブルは削除される。一時テーブル名はセッションに固有のものなので、他のセッションの一時テーブルや通常のテーブルと同じ名前を付けることができる。
IF NOT EXISTS	同じ名前のテーブルは作ることはできない。 そのため、すでに同名のテーブルが存在する場合は、エラーが表示されるが、「IF NOT EXISTS句」が使われていれば、エラーではなく警告を返す。

● [列(カラム)の定義]

「列」(カラム)の定義をするものです。

必須なのは、「データ型」だけですが、「NULL値」の扱い、「主キー」などは事前の設計できちんと決めておきましょう。

```
列の定義:
    データ型
    [NOT NULL | NULL] [DEFAULT デフォルト値 | (評価式)]
    [AUTO_INCREMENT] [ZEROFILL] [UNIQUE [KEY] | [PRIMARY] KEY]
    [INVISIBLE] [{WITH|WITHOUT} SYSTEM VERSIONING]
    [COMMENT '文字列'][COLUMN_FORMAT {FIXED|DYNAMIC|DEFAULT}]
    [参照定義]
```

NOT NULL | NULL	「NULL」を認めるかどうか。
DEFAULT デフォルト値[1] (評価式)	デフォルトの値。 値を設定しておらず、列が「NOT NULL」「AUTO_INCREMENT」または「TIMESTAMP」で定義されていない場合は、「NULL」がデフォルト値となる。「10.2.1」より機能が拡張され、デフォルト値として、式または関数を使えるようになった。「CURRENT_TIMESTAMP」も「DATETIME」のデフォルト値としても使える。 ただし、「DEFAULT句」に「ストアド・ファンクション」や「サブクエリ」を含めることはできない。 また、「句で使われる列」は、ステートメントの前半ですでに定義されている必要がある。

1 「10.2.1」より「BLOB列」と「TEXT列」でも「DEFAULT」をサポート。

第5章　「MariaDB」のSQLリファレンス

AUTO_INCREMENT	オートナンバーの機能。 整数型の列に対してのみ使える。列は「キー」でなければならず、テーブル内に存在できる「AUTO_INCREMENT列」は1つだけ。
ZEROFILL	数値データ型を使えるときに、設定された表示桁数より小さい数字に対し、ゼロパディングされる機能。 例としては、4桁表示の「12」という数字は、「0012」と表示される。 「式」または「UNION」の一部としては無視される。
UNIQUE [KEY] | [PRIMARY] KEY	「ユニーク・キー」または「主キー」の指定。
INVISIBLE[1]	列を非表示にできる
{WITH|WITHOUT} SYSTEM VERSIONING	「システム・バージョニング」の対象とするかどうか。
COMMENT '文字列'	各列にコメントを付けることができる。最大長は1024文字[2]。列のコメントを確認するには、「SHOW FULL COLUMNS」ステートメントを使う。
COLUMN_FORMAT {FIXED|DYNAMIC|DEFAULT}	「COLUMN_FORMAT」は「MySQL Cluster」でのみ使われ、「MariaDB」では黙って無視される。
参照定義	外部キーの定義

●[生成列(カラム)の定義]

「生成列」の場合は、以下のような書式です。

```
生成列[3]の定義:
    データ型
        [GENERATED ALWAYS] AS
        { { ROW {START|END} } | { （評価式） [VIRTUAL | PERSISTENT
| STORED] } }
        [UNIQUE [KEY]] [COMMENT 'コメントの内容']
```

●[制約の定義]

```
制約の定義:
    CONSTRAINT [制約名] CHECK （評価式）
```

●[SELECT文]

「SELECT文」を使うと、「SELECT文」で抽出した結果をテーブルとして作

1　詳しくはp.82

2　MariaDB 5.5以前は、255文字

3　生成列について詳しくはp.83

れます。

「SELECT文」の対象となるのは、他の列だけでなく、他のテーブルからもデータを引っ張ってくることが可能です。

＊

新しいテーブルに「主キー」または「UNIQUEインデックス」がある場合は、「IGNORE」または「REPLACE」キーワードを使って、クエリ中の「重複キー・エラー」に対処できます。

「IGNORE」は、新しい値を挿入してはいけないことを意味し、同一の値がインデックスに存在します。「REPLACE」は、古い値を上書きしなければならないことを意味します。

＊

新しいテーブルの列がクエリによって返される行よりも多い場合、クエリによって移入された列は、他の列の後に配置されます。

厳密な「SQL_MODE」がオンで、クエリ内の名前ではない列に「DEFAULT値」がない場合、エラーが発生し、行はコピーされません。

● [LIKE句]

「LIKE句」を使って、「列」「索引」「表オプション」を含む、別の表と同じ定義をもつ表を作成できます。

[LIKE句を使う場合の書式]

```
CREATE [OR REPLACE] [TEMPORARY] TABLE [IF NOT EXISTS] テーブル
の名前
    { LIKE 参考にしたい既存のテーブルの名前 | (LIKE 参考にしたい既存のテー
ブルの名前) }
```

■ テーブルの削除(DROP TABLE)

テーブルを削除します。実行するには、「DROP権限」が必要です。

＊

テーブルを削除すると、すべての「テーブル・データ」と「テーブル定義」、およびそのテーブルに関連付けられている「トリガー」が削除されるため、注意してください。

ただし、テーブルに対する「ユーザー特権」は自動的には削除されません。

＊

第5章　「MariaDB」のSQLリファレンス

　削除対象として複数のテーブルを指定したものの、一部のテーブルが存在しない場合は、存在したテーブルは消去し、存在しなかったテーブルはエラーで返します。

　別の接続がそのテーブルを使っている場合は、「メタデータ・ロック」がアクティブになり、ロックが解放されるまでは削除されません。
　これは「非トランザクション・テーブル」にも当てはまります。

●[書式]

```
DROP [TEMPORARY] TABLE [IF EXISTS] [/*削除時のコメント*/]
テーブル名 [, テーブル名] ...
    [WAIT n|NOWAIT] [RESTRICT | CASCADE]
```

表　オプション

TEMPORARY	削除するファイルに対し、「TEMPORARY」の指定をすると、対象が一時ファイルのみになる。同名の非一時ファイルは削除されない。
IF EXISTS	削除命令を出しても、そのテーブルが存在しない場合は、エラーが表示される。「IF EXISTS」を使うと、エラーは表示されず、存在しないテーブルごとにNOTEが生成される。
/*削除時のコメント*/	テーブル名の前の「コメント」(/ *削除時のコメント* /) は、バイナリログに保存される。その機能は、「レプリケーション・ツール」がその内部メッセージを送信するために使える。
WAIT n|NOWAIT	ロックされてからエラーになるまでの時間を設定できる。「WAIT n」の「n」には秒数を入れる。
RESTRICT	CASCADE	他のデータベースシステムとの互換性のために用意されているが、「MariaDB」では、何もしない。

表　特殊なテーブルの削除

パーティション機能	テーブルがパーティション機能を使っている場合、定義ファイルを含めたすべてのファイルが削除される。
リレーションシップ	外部キーがこのテーブルを参照している場合、そのテーブルは削除できない。この場合、最初に外部キーを削除する必要がある。
一時ファイルの削除	通常、削除には権限が必要だが、一時ファイルを削除する場合は、権限がなくても実行できる。

106

[5-2]　テーブルに関わる SQL ① （作成・削除・表示）

削除中のプロセス停止	「MySQL」削除中にプロセスが停止してしまった場合、ゴミが残ることもあるが、これらの一時テーブルは常に自動的に削除される。

●[レプリケーション時のDROP TABLEの動作]

　レプリケーション時において「DROP TABLE」は、次のように動作します。

・「DROP TABLE IF EXISTS」は常にログに記録されます。

・存在しないテーブルに対する「IF EXISTS」を指定しない「DROP TABLE」は、バイナリログに書き込まれません。

・「TEMPORARY テーブル」の削除には、ログの先頭に「TEMPORARY」が付きます。これらのドロップは、「文」または「混合モード」の複写を実行しているときにのみ記録されます。

・1つの「DROP TABLE文」は、最大次の3つの異なる「DROP文」として記録されます。

① 　DROP TEMPORARY TABLE 非一時トランザクションテーブルの一覧
② 　DROP TEMPORARY TABLE 一時トランザクションテーブルの一覧
③ 　DROP TABLE 通常のテーブルの一覧

　「MariaDB 10.0.8」以降、マスター上の「DROP TABLE」はスレーブ上で「DROP TABLE IF EXISTS」として扱われます。「slave-ddl-exec-mode」を「STRICT」に設定することで、これを変更できます。

■ テーブル定義(テーブルスキーマ)の表示(SHOW CREATE TABLE)

　作ったテーブルの「テーブル定義」を表示します。実行するには「SELECT 権限」が必要です。

　この構文は「ビュー」や「シーケンス」に対しても使えます。

●[書式]

```
SHOW CREATE TABLE テーブル名
```

第5章 「MariaDB」のSQLリファレンス

■ 列の属性を表示(SHOW COLUMNS／DESCRIBE)

「SHOW COLUMNS」は、与えられたテーブルのカラムに関する情報を表示します。

これはビューに対しても使えます。「COLUMNS」と「FIELDS」はどちらを使ってもかまいません。

また、「COLUMNS」以外にも、「DESCRIBE」と「DESC」を使う方法もあります。

●[書式] COLUMNS／FIELDS

```
SHOW [FULL] {COLUMNS | FIELDS} FROM テーブル名 [FROM データベース名]
    [LIKE 'パターン' | WHERE 評価式]
```

●[書式] DESCRIBE／DESC

```
{DESCRIBE | DESC} テーブル名 [列名 | ワイルドカード]
```

表　表示される結果

Field	列名(カラム名)。
Type	データ型。
Collation	照合順序。
Null	NULL値を許可している場合は「YES」が入り、そうでない場合は「NO」が入る。
Key	列にインデックスが設定されているかどうかを示す。 「Key」が空の場合、列はインデックスが付いていない、または複数列の一意でないサブインデックスとして設定されている。 「Key」の値が「PRI」の場合、列は「主キー」であるか「複合キー」の一部。「UNI」の場合は、その列は、「NULL値」を含めることができない一意インデックスの最初の列。「MUL」の場合は、同じ値の重複を許すインデックス。
Default	デフォルト値。
Extra	対象の列について使用可能な追加情報が含まれている。

108

[5-2] テーブルに関わる SQL ① （作成・削除・表示）

■ テーブルの一覧表示(SHOW TABLES)

データベース内の「テーブル」「シーケンス」「ビュー」の一覧を表示します。
一時テーブルは、リストに表示されません。

● [書式]

```
SHOW [FULL] TABLES [FROM データベース名]
   [LIKE 'パターン' | WHERE 評価式]
```

表　オプション

FULL	「FULL修飾子」を設定すると、表示されたテーブルの種類が二列目として表示される。 テーブルの場合は「BASE TABLE」、ビューの場合は「VIEW」、シーケンスの場合は「SEQUENCE」と表示される。

■ テーブルの情報表示(SHOW TABLE STATUS)

「SHOW TABLE STATUS」は「SHOW TABLES」と似た機能ですが、より細かい情報を表示します。一時テーブルについて表示しないのは同じです。

● [書式]

```
SHOW TABLE STATUS [FROM データベース名] [LIKE 'パターン' | WHERE 評価式]
```

表　表示される結果

Name	テーブル名。
Engine	ストレージエンジン。
Version	バージョン番号。
Row_format	行フォーマット。
Rows	レコード数。一部のエンジンは、概算を表示することがある。
Avg_row_length	テーブル内の平均レコード長。
Data_length	データ長。
Max_data_length	データファイルの最大長。
Index_length	インデックスファイルの長さ。
Data_free	割り当てられているが未使用のバイト数。

109

第5章 「MariaDB」のSQLリファレンス

Auto_increment	次の「AUTO_INCREMENT」の値。
Create_time	テーブルが作られた時刻。
Update_time	テーブルが最後に更新された時刻。
Check_time	テーブルが最後にチェックされた時刻。
Collation	照合順序。
Checksum	Liveチェックサム値(ある場合)。
Createオプションs	追加の「CREATE TABLE」オプション。
Comment	「MariaDB」がテーブルを作成したときに設定したテーブルコメント。

5-3 テーブルに関わる「SQL」②(「テーブル属性」の変更)

テーブルに関わるSQLのうち、「ALTER TABLE」のSQLを紹介します。

■ テーブル属性の変更(ALTER TABLE)

「ALTER TABLE」を使うと、既存のテーブルの構造を変更できます。

たとえば、「列の追加や削除」「インデックスの作成や破棄」「既存の列の種類の変更」「列やテーブル自体の名前の変更」などができます。テーブルのコメントとテーブルのストレージエンジンを変更することもできます。

別の接続がそのテーブルを使っている場合は、使用が終わるまで待機します。これは「非トランザクション・テーブル」にも当てはまります。

「ALTER TABLE」は、「ALTER定義」が多いので、主なものを個別に記載しています。

このほかの定義に関しては、公式サイトで確認してください。

●[書式]

```
ALTER [ONLINE] [IGNORE] TABLE テーブル名 [WAIT n | NOWAIT]
    テーブルオプション[1] ALTER定義 [,テーブルオプション ALTER定義] ...
```

---

1 テーブルオプションについては巻末補足を参照

[5-3]　テーブルに関わる「SQL」②（「テーブル属性」の変更）

表　オプション

IGNORE	値が重複している列（または列のセット）に「UNIQUEインデックス」を追加すると、エラーが発生してステートメントが停止する。 「IGNORE」オプションを指定すれば、エラーを抑制し、重複を破棄して「UNIQUEインデックス」を強制的に作成できる。
WAIT n|NOWAIT	ロックされてからエラーになるまでの時間を設定できる。 「WAIT n」の「n」には秒数を入れる。

● [ALTER定義] ADD COLUMN（列の追加）

テーブルに列を追加します。

・構文は「CREATE TABLE」の場合と同じ。

・「IF NOT_EXISTS」を使っている場合、列がまだ存在していなければ列は追加されない。

　「FIRST句」と「AFTER句」は、データファイル内の列の物理的な順序に関するオプションですが、現在では、物理的な位置は通常無関係なので、あまり意味のないものです。

```
…ADD COLUMN [IF NOT EXISTS] 列名 カラム定義
     [FIRST | AFTER 列名 ]
…ADD COLUMN [IF NOT EXISTS] (列名 カラム定義,...)
```

● [ALTER定義] DROP COLUMN（列の削除）

テーブルから列を削除します。

・「IF EXISTS」を使っている場合、列が存在しなくてもエラーにはならない。

・列がインデックスの一部である場合、インデックスからも削除される（「10.4.0」から実装）。ただし、同じ名前の新しい列を同時に追加した場合は例外。

・インデックスからすべての列が削除された場合、インデックス自体が削除される。

・列が「ビュー」または「トリガー」で使われていた場合、次回アクセス時にエラーが発生する。

　「バージョン10.2.8」から「複合キー」の一部となっている列を削除することはできなくなりました。

　以前は、列を削除しても、残った列が自動的にキーとして扱われていましたが、「10.2.8」からは、列を削除するには、明示的な「主キー」の削除と再設

111

第5章 「MariaDB」のSQLリファレンス

定が必要です。

```
…DROP COLUMN [IF EXISTS] 列名 [RESTRICT|CASCADE]
```

● [ALTER定義] MODIFY COLUMN／CHANGE COLUMN(列の変更)

列の定義を変更できます。

変更できる内容は、「データ型」や「主キー」なども含みます。

定義の変更は引き継がれないので、すべての定義をし直す必要があります。

「CHANGE COLUMN」を使うと、列の名前も変更できます。

```
……MODIFY COLUMN [IF EXISTS] 列名 カラム定義 [FIRST | AFTER 列名]
……CHANGE COLUMN [IF EXISTS] 古い列名 新しい列名 カラム定義
[FIRST|AFTER 列名]
```

● [ALTER定義] ALTER COLUMN

列のオプションを変更できます。

```
| ALTER [COLUMN] 列名 SET DEFAULT リテラル値| (評価式)
| ALTER [COLUMN] 列名 DROP DEFAULT
```

● [ALTER定義] ADD PRIMARY KEY(主キーの追加)／DROP PRIMARY KEY(主キーの削除)

「主キー」を追加します。

「CONSTRAINT」で制約を設定できます。「CONSTRAINT」に続いて「主キー・インデックス」に名前を記述することもできますが、名前を付けても無視されるので意味はありません。

「主キー」を削除するには、「DROP」を使います。

```
……ADD [CONSTRAINT] PRIMARY KEY [インデックスの種類] (対象となる列
名,...) [インデックスオプション] ...
……DROP PRIMARY KEY
```

● [ALTER定義] ADD FOREIGN KEY(外部キーの追加)／DROP FOREIGN KEY(外部キーの削除)

「外部キー」を追加します。

・「外部キー」には、参照定義を指定する必要がある。

・「ターゲット(親)テーブルの名前」と「インデックス付けが必要な値」「外部キーの値と一致する必要がある列または列リスト」を指定します。

・「MATCH句」は、他のDBMSとの互換性のために用意されていますが、

[5-3] テーブルに関わる「SQL」② (「テーブル属性」の変更)

「MariaDB」では無視されます。

・「ON DELETE句」と「ON UPDATE句」は、「DELETE」(または「REPLACE」)文
が「親テーブル」から参照レコードを削除しようとしたときや、「UPDATE文」が
「親テーブル」のレコード内の参照外部キー列を変更しようとしたときの処理
をそれぞれ指定する。

以下のオプションが許可されています。

```
……ADD [CONSTRAINT [外部キーの名前]]
        FOREIGN KEY [IF NOT EXISTS] (対象となる列名,...)
        REFERENCES テーブル名 (インデックス列名,...)
        [ON DELETE 参照オプション]
        [ON UPDATE 参照オプション]
……DROP FOREIGN KEY [IF EXISTS] 対象となる外部キーの名前
```

表 参照オプション

RESTRICT	削除／更新操作は実行されない。ステートメントは「1451エラー」(SQLSTATE '2300') で終了する。
NO ACTION	「RESTRICT」の同義語。
CASCADE	「削除/更新」操作は両方のテーブルで実行される。
SET NULL	「更新」または「削除」は親テーブル内で進行し、子テーブル内の対応する外部キーフィールドは「NULL」に設定される。(これを成功させるには、「NOT NULL」として定義してはならない)。

● [ALTER定義] ADD INDEX(インデックスの追加)／DROP INDEX(インデックスの削除)

「主キー」や「外部キー」ではない普通のインデックスを追加します。

・「DROP」で削除。

・インデックスの追加と削除は、「CREATE INDEX」と「DROP INDEX」でもできる。

```
……ADD {INDEX|KEY} [IF NOT EXISTS] [インデックス名]
        [インデックスタイプ1] (対象となる列,...) [インデックスオプション2] ...
……DROP {INDEX|KEY} [IF EXISTS] インデックス名
```

---

1 後述。p.125参照

2 後述。p.125参照

第5章 「MariaDB」のSQLリファレンス

● [ALTER定義] ADD UNIQUE INDEX／DROP UNIQUE INDEX
「一意制約」を設定します。

・一意制約は、「NULLを除いて、重複値を入力できない」という制約。
・一意制約は、一意インデックス(UNIQUEインデックス)を作ることで、そのカラムに対して制約がかかる。
・削除は「DROP」で行なう。
・削除時には、「UNIQUE」であることは指定せず、「インデックス名」を指定するだけで削除できる。

```
……ADD [CONSTRAINT [インデックス名]] UNIQUE [INDEX|KEY]
    [インデックスの種類] (対象となる列名,...) [インデックスオプション] ...
……DROP {INDEX|KEY} [IF EXISTS] インデックス名
```

● [ALTER定義] ADD FULLTEXT INDEX／DROP FULLTEXT INDEX
「全文検索インデックス」を設定します。

・「DROP」で削除。
・削除時には、「FULLTEXT」であることは指定せず、インデックス名を指定するだけで削除できる。

```
……ADD FULLTEXT [INDEX|KEY] [インデックス名]
    (対象となる列名,...) [インデックスオプション] ...
……DROP {INDEX|KEY} [IF EXISTS] インデックス名
```

● [ALTER定義] ENABLE/ DISABLE KEYS
「DISABLE KEYS」は、一時的に「主キー」「外部キー」など一意制約のキー以外のキーを無効にします。

「ENABLE KEYS」で、有効に戻します。

※サポートしていないデータベースエンジンもあるので、注意してください。

```
……DISABLE KEYS
……ENABLE KEYS
```

● [ALTER定義] SET DEFAULT／DROP DEFAULT
デフォルト値を設定・削除します。

```
……ALTER [COLUMN] 列名 SET DEFAULT デフォルト値| (評価式)
……ALTER [COLUMN] 列名 DROP DEFAULT
```

[5-3] テーブルに関わる「SQL」② (「テーブル属性」の変更)

● [ALTER定義] RENAME TO／RENAME

「テーブル名」や「ビュー名」を変更します。

```
……RENAME [TO] 新しいテーブル名
```

「テーブル名」「ビュー名」の変更は、「RENAME TABLE」で行なうこともできます。

```
RENAME TABLE 変更したいテーブル名1 [WAIT n | NOWAIT] TO 新しいテーブル名1
    [,変更したいテーブル名2 TO 新しいテーブル名2] ...
```

Column CONSTRAINT

特定の列に「制約」を追加します。

・「制約」は定義されている順序で評価される。

・「制約」が失敗した場合、その行は更新されない。

・「制約名」をつけるかどうかは、オプション。指定しなかった場合、自動的に名前を生成する。

・設定した制約は、変数「check_constraint_checks」をOFFに設定することで、一時的に無効にできる。

Column ALGORITHMとLOCK

「ALTER TABLE」のSQL文には、アルゴリズムオプションとロックオプションを付けられます。

```
アルゴリズムオプション:
    ALGORITHM [=] {DEFAULT|INPLACE|COPY|NOCOPY|INSTANT}

ロックオプション:
    LOCK [=] {DEFAULT|NONE|SHARED|EXCLUSIVE}
```

ALGORITHM		実行時のアルゴリズム。
	DEFAULT	特別なことは何もしない。
	INPLACE	実行を即座に更新する。
	COPY	実行時に一時コピーを作る。
	NOCOPY	実行時に一時コピーを作らない。
	INSTANT	内部情報(メタデータ)のみの更新をすることで高速に行なう。
LOCK		テーブルにロックをかける。
	DEFAULT	ロックについてのデフォルトの挙動。
	NONE	ロックをかけない。
	SHARED	共有ロックをかける。
	EXCLUSIVE	排他ロックをかける。

| 第5章 | 「MariaDB」のSQLリファレンス |

5-4 レコードに関わるSQL(INSERT・SELECT・UPDATE・DELETE)

ここでは、「INSERT」「SELECT」「UPDATE」「DELETE」などのデータ操作に関わるSQLを紹介します。

このような言語を「データ操作言語」(DML[1])と言います。

■ レコードの操作

通常の場合、使用するSQLの多くが「レコード」に関わるもの(INSERT・SELECT・UPDATE・DELETE)です。

特に、「SELECT」は頻出かつ、さまざまな使い方があります。
すべてのSQLを覚えるのは、なかなか骨の折れることです。まずは、「SELECT」から攻略していき、徐々に「INSERT」や「UPDATE」に広げていくといいでしょう。

項　目	ステートメント
レコードを挿入する	INSERT
レコードを検索する	SELECT
レコードを更新する	UPDATE
レコードを削除する	DELETE
全レコードを削除する	TRUNCATE TABLE

■ レコードの挿入(INSERT)

「INSERT」を使うと、「既存のテーブル」に「新しいレコード」を追加できます。

＊

書式は3種類あります。
①「INSERT VALUES」および②「INSERT SET」形式は、指定した値で1レコードを挿入します。

1　Data Manipulation Language

[5-4] レコードに関わる SQL（INSERT・SELECT・UPDATE・DELETE）

③「INSERT SELECT」は他のテーブルから選択されたレコードを挿入します。

● [INSERT VALUES 書式]

```
INSERT [LOW_PRIORITY | DELAYED | HIGH_PRIORITY] [IGNORE]
    [INTO] テーブル名 [PARTITION (パーティション名)] [(列名,...)]
    {VALUES | VALUE} ({評価式 | DEFAULT},...),(...),...
    [ ON DUPLICATE KEY UPDATE 列名=評価式 [,列名=評価式] ... ]
```

● [INSERT SET 書式]

```
INSERT [LOW_PRIORITY | DELAYED | HIGH_PRIORITY] [IGNORE]
    [INTO] テーブル名 [PARTITION (パーティション名)]
    SET 列名={評価式 | DEFAULT}, ...
    [ ON DUPLICATE KEY UPDATE 列名=評価式 [,列名=評価式] ... ]
```

● [INSERT SELECT 書式]

```
INSERT [LOW_PRIORITY | HIGH_PRIORITY] [IGNORE]
    [INTO] テーブル名 [PARTITION (パーティション名)] [(列名,...)]
    SELECT ...
    [ ON DUPLICATE KEY UPDATE列名=評価式 [,列名=評価式] ... ]
```

表　オプション

DELAYED	応答をすぐに返し、後でデータベースに書き込む
LOW_PRIORITY	優先度を下げる
HIGH_PRIORITY	優先度を上げる
IGNORE	エラーを無視する
ON DUPLICATE KEY UPDATE	挿入しようとしたしたときに同じ値があった場合は、上書きする

■ レコードの検索(SELECT)

「SELECT」を使うと、テーブルから「レコード」を取得できます。取得元となるテーブルは、複数にわたることも可能です。

「SELECT文」の大きな特徴は、その句の多さでしょう。
また、後述する別のSQL文に入れ込む形でも使います。

第5章	「MariaDB」のSQLリファレンス

「SQL」を理解するのに、大きな範囲を占めるステートメントなので、重点的に身につけるといいでしょう。

項　目	内　容
FROM句	対象テーブルやビューを指定する
WHERE句	レコードを絞り込む条件式を指定する
GROUP BY句	特定の列でグループ化する
HAVING句	グループ化後のデータを更に絞り込む
ORDER BY句	並べ替えを指定する
LIMIT句	取り出す件数を指定する
PROCEDURE句	結果レコードを、C言語で書かれたプロシージャに渡す
INTO OUTFILE句	テキストファイルとして出力する
INTO DUMPFILE句	バイナリファイルとして出力する
FOR UPDATE句	排他ロック
LOCK IN SHARE MODE句	共有ロック

●[書式]

```
SELECT
    [ALL | DISTINCT | DISTINCTROW] [HIGH_PRIORITY][STRAIGHT_JOIN]
    [SQL_SMALL_RESULT] [SQL_BIG_RESULT] [SQL_BUFFER_RESULT]
    [SQL_CACHE | SQL_NO_CACHE] [SQL_CALC_FOUND_ROWS]
    select_評価式 [, select_評価式 ...]
    [FROM テーブル参照式
      [WHERE 条件式]
      [GROUP BY {列名 |列番号を計算する式 | 列番号} [ASC | DESC],
... [WITH ROLLUP]]
      [HAVING 条件式]
      [ORDER BY {列名 |列番号を計算する式 | 列番号} [ASC | DESC],
...]
      [LIMIT {[オフセット,] レコード数| レコード数 OFFSET オフセット}]
      [PROCEDURE プロシージャ名(引数リスト)]
      [INTO OUTFILE 'ファイル名' [CHARACTER SET 文字コード]
[exportオプション]]
      [INTO DUMPFILE 'ファイル名' INTO 変数名[,変数名] ]
      [[FOR UPDATE | LOCK IN SHARE MODE] [WAIT n | NOWAIT] ] ]

exportオプション:
    [{FIELDS | COLUMNS} [TERMINATED BY '区切り文字']
       [[OPTIONALLY] ENCLOSED BY '引用符文字'][ESCAPED BY 'エ
スケープ文字']]
    [LINES [STARTING BY '開始文字'][TERMINATED BY '終了文字']]
```

118

[5-4] レコードに関わるSQL（INSERT・SELECT・UPDATE・DELETE）

表　オプション

ALL	すべてのレコードを返す。
DISTINCT/ DISTINCTROW	重複レコードを排除する。
HIGH_PRIORITY	優先度を上げる。
STRAIGHT_JOIN	「MariaDB」固有の機能で、指定した順で結合させる。
SQL_SMALL_RESULT	「MariaDB」固有の機能で、結果のレコード数が少ないのをエンジンに伝える。
SQL_BIG_RESULT	「MariaDB」固有の機能で、結果のレコード数が大きいのをエンジンに伝える。
SQL_BUFFER_RESULT	「MariaDB」固有の機能で、結果を一時テーブルにバッファする。
SQL_CACHE	「MariaDB」固有の機能で、クエリをキャッシュする。
SQL_NO_CACHE	「MariaDB」固有の機能で、クエリをキャッシュしない。
SQL_CALC_FOUND_ROWS	「MariaDB」固有の機能で、検索総数をカウントする。
FROM	対象テーブルやビューを指定する。FROM句に続く句は、下記参照[1]。

● [オプション]WHERE句

レコードを絞り込む条件式を指定します。

列と値を比較したり、「パターン・マッチング」による文字列の比較などを指定します。

```
[WHERE 条件式]
```

1　紙面の都合上、簡単な説明にとどめている。これらは標準SQLなので、詳しくはSQLの文献を参照のこと。

第5章 「MariaDB」のSQLリファレンス

●[オプション]GROUP BY句/HAVING句

「GROUP BY句」で、特定の列でグループ化を行ないます。

列は、「列名」や「列番号」「列番号を計算する式」のいずれかで指定できます。

「HAVING句」で、グループ化後のデータをさらに絞り込みます。

```
    [GROUP BY {列名 | 列番号を計算する式 | 列番号} [ASC | DESC],
... [WITH ROLLUP]]
    [HAVING 条件式]
```

ASC	結果を昇順に並べる
DESC	結果を降順に並べる
WITH ROLLUP	結果の合計を最終レコードに追加する

●[オプション]ORDER BY句/LIMIT句

「ORDER BY句」は、並べ替えを指定します。

「LIMIT句」は、取り出す件数を指定します。

```
    [ORDER BY {列名 |列番号を計算する式 | 列番号} [ASC | DESC],
...]
    [LIMIT {[オフセット,] レコード数| レコード数OFFSET オフセット}]
```

ASC	結果を昇順に並べる
DESC	結果を降順に並べる
オフセット	取り出し開始位置を指定する
レコード数	取り出すレコード数

●[オプション]PROCEDURE句

「PROCEDURE句」は、結果レコードをC言語で書かれたプロシージャに渡します。

たとえば、アナライズするときに使います。

```
    [PROCEDURE プロシージャ名(引数リスト)]
```

●[オプション]INTO OUTFILE句/ INTO DUMPFILE句

「MariaDB」固有の機能で、結果をファイル出力します。

「INTO OUTFILE句」は、結果をテキストファイルとして出力します。

「INTO DUMPFILE句」は「バイナリ・ファイルと」して出力します。

[5-4] レコードに関わるSQL（INSERT・SELECT・UPDATE・DELETE）

インポートする場合は、「LOAD DATA」[1]を使います。

```
        [INTO OUTFILE 'ファイル名' [CHARACTER SET 文字コード]
[exportオプション]]
        [INTO DUMPFILE 'ファイル名' INTO 変数名[,変数名] ]
exportオプション:
    [{FIELDS | COLUMNS} [TERMINATED BY '区切り文字']
        [[OPTIONALLY] ENCLOSED BY '引用符文字'][ESCAPED BY 'エ
スケープ文字']]
    [LINES [STARTING BY '開始文字'][TERMINATED BY '改行文字']]
```

FIELDS	レコード
COLUMNS	列(カラム)
区切り文字	通常はタブ(¥t)
改行文字	通常は改行(¥n)

●[オプション]FOR UPDATE句/LOCK IN SHARE MODE句

「FOR UPDATE句」は「排他ロック」[2]します。

「LOCK IN SHARE MODE句」は「共有ロック」します。

```
    [[FOR UPDATE | LOCK IN SHARE MODE] [WAIT n | NOWAIT] ] ]
```

■ レコードの更新(UPDATE)

「UPDATE文」は、テーブルにすでに存在するレコードを上書きします。

・「SET句」は、列に設定したい値を指定。ただし、このままでは、すべての
レコードの該当の列が書き換わってしまうので、「WHERE句」でレコード
を指定する。
・「ORDER BY句」で指定すると、指定されたレコードから順番に更新される。
・「LIMIT句」は、更新できる行数に制限を設ける。

「ORDER BY句」と「LIMIT句」は、以前は複数テーブルの構文で使えませ
んでしたが、「MariaDB 10.3.2」からは使えるようになりました。

*

---

1   後述。p.149参照
2   前述。p.79参照

| 第5章 | 「MariaDB」のSQLリファレンス |

「SIMULTANEOUS_ASSIGNMENT sql_mode」[1]が設定されていない限り、列の割り当ては、左から右の順に評価されます。

この場合、「UPDATEステートメント」はすべての割り当てを同時に評価します。

テーブルに複数の列があり、一部の列のみを上書きしたい場合、上書きしたい列のみ「UPDATE権限」が必要です。

他の列は、「SELECT権限」のみでも問題ありません。

●[単一テーブルの場合の書式]

```
UPDATE [LOW_PRIORITY] [IGNORE] テーブル名 [PARTITION (パーティション名)]
    SET 列名1={評価式1|DEFAULT} [,列名2={評価式2|DEFAULT}] ...
    [WHERE 条件式] [ORDER BY ...] [LIMIT レコード数]
```

●[複数テーブルの場合の書式]

```
UPDATE [LOW_PRIORITY] [IGNORE] テーブル名1,[テーブル名2]...
    SET 列名1={評価式1|DEFAULT} [,列名2={評価式2|DEFAULT}] ...
    [WHERE 条件式]
```

表　オプション

LOW_PRIORITY	優先度を下げる。
IGNORE	エラーを無視する。
DEFAULT	デフォルト値を設定する。
WHERE句/ORDER BY句/LIMIT句	SELECTを参照。

■ レコードの削除(DELETE)

「DELETE文」は、レコードを削除し、削除したレコード数を返します。

削除されたレコード数は、「ROW_COUNT ()関数」を呼び出すことによって取得できます。

・削除するレコードは、「WHERE句」で指定。

・指定しない場合は、すべての行が削除される。

1　「MariaDB 10.3.5」から実装

[5-4] レコードに関わる SQL（INSERT・SELECT・UPDATE・DELETE）

・「ORDER BY句」が指定されている場合、行は指定された順序で削除される。
・「LIMIT句」は、削除できる行数に制限を設ける。
・テーブルから行を削除するには、テーブルに対する「DELETE権限」が必要。
・全レコードを削除する場合は、「TRUNCATE TABLE」も使える。

● [単一テーブルの場合の書式]

```
DELETE [LOW_PRIORITY] [QUICK] [IGNORE]
    FROM テーブル名 [PARTITION (パーティション名)]
    [WHERE 条件式][ORDER BY ...][LIMIT レコード数]
    [RETURNING 評価式 [,評価式 ...]]
```

● [複数テーブルの場合の書式]

```
DELETE [LOW_PRIORITY] [QUICK] [IGNORE] テーブル名[.*] [, テーブ
ル名[.*]] ...
    FROM テーブル名 [WHERE 条件式]
または
DELETE [LOW_PRIORITY] [QUICK] [IGNORE] FROM テーブル名[.*] [,
テーブル名[.*]] ...
    USING テーブル名 [WHERE 条件式]
```

● [履歴削除の場合の書式]

```
DELETE HISTORY
   FROM テーブル名 [PARTITION (パーティション名)]
   [BEFORE SYSTEM_TIME [TIMESTAMP|TRANSACTION] 評価式]
```

表　オプション

LOW_PRIORITY	優先度を下げる。
IGNORE	エラーを無視する。
QUICK	大量の行が削除されることをエンジンに知らせる。ストレージエンジンは、ブロックからすべての行が削除されるまでデータブロックのマージを無視するなど、DELETE を高速化できる。
WHERE 句 /ORDER BY句 /LIMIT句	「SELECT」を参照。
RETURNING	削除された行を返す。
BEFORE SYSTEM_TIME	指定したシステム時刻より前。

第5章	「MariaDB」のSQLリファレンス

■ 全レコードの削除(TRUNCATE TABLE)

「TRUNCATE TABLE」は、テーブルの全レコードを削除します。

・レコードが削除されても、テーブル自体は残る。

・この実行には、テーブルの「DROP権限」が必要。

●[書式]

```
TRUNCATE [TABLE] テーブル名 [WAIT n | NOWAIT]
```

5-5 便利な機能のSQL(INDEX・VIEW・TRANSACTION・LOCK)

ここでは、データベースの速度を上げたり、データを保護するのに役立つ便利な機能の「SQL」について説明しています。

※機能の概念については、4章も参照してください。
※紙面の都合上、特殊なものは、書式を紹介しないので、公式ナレッジベースを参照してください。

■ インデックス(INDEX)

「インデックス」とは、検索で特定の列の行を素早く見付けるために使われる仕組みです。

「CREATE」で作成し、「DROP」で削除、「SHOW」でインデックス情報を表示します。

項　目	ステートメント
インデックスの作成	CREATE INDEX、または、ALTER TABLE ADD INDEX
インデックスの削除	DROP INDEX、または、ALTER TABLE DROP INDEX
インデックス情報の表示	SHOW INDEX
使うインデックスを指定	USE INDEX
インデックスを読み込む	LOAD INDEX
インデックスの強制	FORCE INDEX
キャッシュに割り当てる	CACHE INDEX
インデックスを無視する	IGNORE INDEX
空間インデックスを拡張する	SPATIAL INDEX

124

[5-5] 便利な機能のSQL（INDEX・VIEW・TRANSACTION・LOCK）

- 「ALTER TABLE ADD INDEX/DROP INDEX」でも、作成と削除ができる。
- 「CREATE INDEX」を使って「主キー」を設定することはできないので、その場合は、「ALTER TABLE」を使う。
- 「CREATE INDEX文」を実行するには、テーブルまたはデータベースに対する「INDEX権限」が必要。

●[インデックスの作成]

インデックスを作ります。

```
CREATE [OR REPLACE] [UNIQUE|FULLTEXT|SPATIAL] INDEX
[IF NOT EXISTS] インデックス名 [インデックスのタイプ]
ON テーブル名 ( インデックスの列名 ,...)
  [WAIT n | NOWAIT] [インデックスオプション] [アルゴリズムオプション
| ロックオプション] ...

インデックスの列名 :
    列名 [(長さ)] [ASC | DESC]

インデックスのタイプ :
    USING {BTREE | HASH | RTREE}

インデックスオプション :
    KEY_B      SIZE [=] value
  | インデックスのタイプ | WITH PARSER パーサー名| COMMENT 'コメン
ト内容'

アルゴリズムオプション :
    ALGORITHM [=] {DEFAULT|INPLACE|COPY|NOCOPY|INSTANT}

ロックオプション :
    LOCK [=] {DEFAULT|NONE|SHARED|EXCLUSIVE}
```

UNIQUE	重複を許さないインデックス。選択すると、UNIQUE制約が設定される。
FULLTEXT	全文検索に設定するインデックス。
SPATIAL	空間を示す列に設定するインデックス。「Ver10.2.2」から対応。
ASC	昇順。
DESC	降順。
BTREE	Bツリー構造。
HASH	ハッシュ構造。
RTREE	Rツリー構造。

第5章 「MariaDB」のSQLリファレンス

KEY_B SIZE	キーブロック長。
WITH PARSER	全文検索のプラグインを設定する。
ALGORITHM	実行時のアルゴリズム。
DEFAULT	特別なことは何もしない。
INPLACE	実行を即座に更新する。
COPY	実行時に一時コピーを作る。
NOCOPY	実行時に一時コピーを作らない。
INSTANT	内部情報(メタデータ)のみの更新をすることで高速に行なう。
LOCK	テーブルにロックをかける。
DEFAULT	ロックについてのデフォルトの挙動。
NONE	ロックをかけない。
SHARED	共有ロックをかける。
EXCLUSIVE	排他ロックをかける。

● [インデックスの削除]

インデックスを削除します。

```
DROP INDEX [IF EXISTS] インデックス名 ON テーブル名 [WAIT n |NOWAIT]
    [アルゴリズムオプション | ロックオプション] ...
```

● [インデックスの表示]

インデックスの定義を表示します。

```
SHOW {INDEX | INDEXES | KEYS} FROM テーブル名 [FROM データベース
名] [WHERE 評価式]
```

「SHOW INDEX」により、以下の項目が返されます。

項 目	内 容
Table	テーブル名。
Non_unique	インデックスが重複値を許可する場合は「1」、値が一意である必要がある場合は「0」。
Key_name	インデックス名。主キーは常にPRIMARYという名前となる。
Seq_in_index	1から始まるインデックス内の列の順序。
Column_name	列名。

[5-5] 便利な機能のSQL（INDEX・VIEW・TRANSACTION・LOCK）

Collation	列がインデックス内で昇順にソートされている場合は「A」、ソートされていない場合は「NULL」と表示される。
Cardinality	インデックス内の一意の値の推定数。
Sub_part	列全体がインデックスに含まれる場合は「NULL」、含まれない場合は含まれる文字数。
Packed	「インデックス」がパックされていない場合は「NULL」、それ以外の場合は「インデックス」のパック方法。
Null	列でNULL値が許可されている場合は「NULL」、「NULL」が許可されていない場合は空の文字列。
Index_type	インデックスタイプ。「BTREE」「FULLTEXT」「HASH」「RTREE」のいずれか。
Comment	インデックスが無効かどうかなど、その他の情報。
Index_comment	索引が作成されたときの「COMMENT属性」の内容。

■ ビュー(VIEW)

「ビュー」とは、「SELECT文」による結果を基に作った仮想的なテーブルです。

「CREATE VIEW」で作成し、「ALTER VIEW」で定義の変更、「DROP VIEW」で削除、「SHOW CREATE VIEW」でコマンド内容を表示できます。
「ビュー定義」を確認するには、「SHOW TABLES」を使ってください。

項　目	ステートメント
ビューを作る	CREATE VIEW
ビュー定義の変更	ALTER VIEW
ビューを削除する	DROP VIEW
ビュー作成時のSQL文を確認する	SHOW CREATE VIEW
ビューの定義を確認する	SHOW TABLES
アルゴリズムをチェックし修正する	REPAIR VIEW[1]
アルゴリズムをチェック	CHECK VIEW

1　通常は必要ない。サーバをクラッシュさせる可能性があることに注意。

第5章 「MariaDB」のSQLリファレンス

● [ビューの作成　CREATE VIEW]

「ビュー」を作ります。

```
CREATE [OR REPLACE] [ALGORITHM = {UNDEFINED | MERGE | TEMPTABLE}]
    [DEFINER = { ユーザー名 | CURRENT_USER | ロール名 | CURRENT_ROLE }]
    [SQL SECURITY { DEFINER | INVOKER }]
    VIEW [IF NOT EXISTS] ビュー名 [(列名,...)]  AS SELECT文
    [WITH [CASCADED | LOCAL] CHECK OPTION]
```

ALGORITHM		ビュー実行方法のアルゴリズム。
	UNDEFINED	できるだけSQLとして実行するが、できない場合は「一時テーブル」を使用。
	MERGE	SQLとして実行する。
	TEMPTABLE	一時テーブルを使う。
DEFINER		ビューの作成者を指定する。
SQL SECURITY		誰の権限で実行するかを指定する。
	DEFINER	ビューの作成者の権限で実行。
	INVOKER	ビュー利用者の権限で実行。
WITH CHECK OPTION		更新するときのオプションを指定する。
	CASCADED	元となるテーブルを確認する。
	LOCAL	元となるテーブルは確認せず、「ビュー」のみを確認する。

● [ビューの定義の変更]

「ビュー」の定義を変更します。

```
ALTER
    [ALGORITHM = {UNDEFINED | MERGE | TEMPTABLE}]
    [DEFINER = { ユーザー名 | CURRENT_USER }]
    [SQL SECURITY { DEFINER | INVOKER }] VIEW ビュー名 [(列名、...)]
    AS SELECT文 [WITH [CASCADED | LOCAL] CHECK OPTION]
```

● [ビューの削除]

「ビュー」を削除します。

```
DROP VIEW [IF EXISTS] ビュー名 [, ビュー名] ...[RESTRICT | CASCADE]
```

RESTRICT/CASCADE	指定しても無視される。

[5-5] 便利な機能の SQL（INDEX・VIEW・TRANSACTION・LOCK）

■ トランザクション（TRANSACTION）

「トランザクション」は、複数のSQLの実行をまとめて行なうための仕組みです。

「トランザクション」を指定しない場合は、SQLは1文ずつ実行されますが、「トランザクション」を設定すると、操作内容がまとめて実行され、すべて「実行された」か「されていない」かのいずれかの状態になります。

項　目	ステートメント
トランザクションの開始	START TRANSACTION
トランザクションのコミット	COMMIT
トランザクションのロールバック	ROLLBACK
トランザクション分離レベルの設定	SET TRANSACTION
トランザクションのセーブポイントの設定と削除	SAVEPOINT / RELEASE SAVEPOINT

● [トランザクションの開始]

「トランザクション」を開始します。

「START TRANSACTION」または、「BEGIN」ではじめ、「COMMIT」か「ROLLBACK」で終わります。

```
START TRANSACTION [WITH CONSISTENT SNAPSHOT  | READ WRITE  |
READ ONLY]
| BEGIN [WORK]
```

WITH CONSISTENT SNAPSHOT	「並列読み込み」を許可する。
READ WRITE	このトランザクションで読み書きすることを指定する。
READ ONLY	このトランザクションで読みこみだけをすることを指定する。

129

第5章 「MariaDB」のSQLリファレンス

```
SET autocommit = {0 | 1}
```

autocommit	自動コミットの設定。「1」であれば有効。デフォルト値は有効。

●[トランザクションのコミット]

トランザクションをコミットします。

```
COMMIT [WORK] [AND [NO] CHAIN] [[NO] RELEASE]
```

AND CHAIN	終了後に新しいトランザクションを開始する。
AND NO CHAIN	終了後に新しいトランザクションを開始しない。
RELEASE	トランザクション完了後にセッションを閉じる。
NO RELEASE	トランザクション完了後にセッションを閉じない。

●[トランザクションのロールバック]

トランザクションをロールバックします。

```
ROLLBACK [WORK] [AND [NO] CHAIN]
 [ TO [ SAVEPOINT ] {<セーブポイント名 > | <simple target
 specification>} ]
```

SAVEPOINT	設定したセーブポイントに戻る

●[トランザクション分離レベルの設定]

トランザクション分離レベルの設定をします。

```
SET [GLOBAL | SESSION] TRANSACTION
     [ISOLATION LEVEL レベル | READ WRITE  | READ ONLY]
レベル:
     REPEATABLE READ  | READ COMMITTED  | READ UNCOMMITTED
  | SERIALIZABLE
```

GLOBAL	すべてのセッションに対して設定する。
SESSION	特定のセッションに限って設定する。
ISOLATION LEVEL	4章参照。
READ WRITE	このトランザクションで読み書きすることを指定する。
READ ONLY	このトランザクションで読みこみだけをすることを指定する。

[5-5]　便利な機能の SQL（INDEX・VIEW・TRANSACTION・LOCK）

■ ロック(LOCK)

テーブルをロックします。

「ロック」とは、データにアクセスしている間、他のユーザーが読み書きできないようにするため、アクセス制御する操作です。

＊

ロックの方法には、3種類あります。

一つは、①「LOCK TABLES」構文で、テーブル単位でのロック[1]を設定する方法です。

他に、②SELECT文を実行するときに、「FOR UPDATE」を指定する方法と、③「LOCK IN SHARE MODE」によって、トランザクションの実行中に自動的にロックがかかる仕組みがあります。

項　目	ステートメント
レコードに排他ロックをかける	SELECT文 FOR UPDATE句
レコードに共有ロックをかける	SELECT文 LOCK IN SHARE MODE句
「テーブル・ロック」をかける	LOCK TABLES
「テーブル・ロック」を解除する	UNLOCK TABLES
「アプリケーション・ロック」をかける	GET_LOCK
「アプリケーション・ロック」を解除する	RELEASE_LOCK
「アプリケーション・ロック」が解除されていることを確認	IS_FREE_LOCK
「アプリケーション・ロック」されていることを確認	IS_USED_LOCK

●[テーブルのロック]

テーブルをロックします。

```
LOCK TABLE[S]
     テーブル名1 [[AS] テーブルの別名1] ロックの種類
  [, テーブル名2 [[AS] テーブルの別名2] ロックの種類] ...[WAIT n|NOWAIT]

lock_type:
```

1　Galera Cluster を使用している場合は、ロックが機能しません。

第5章 「MariaDB」のSQLリファレンス

```
READ [LOCAL]　|　[LOW_PRIORITY] WRITE　|　WRITE CONCURRENT
```

READ	共有ロック。
READ LOCAL	共有ロックをかけるが、並行挿入を許す。
WRITE	排他ロック。
LOW_PRIORITY WRITE	排他ロックをかけるが、かかるまでは、新しい共有ロックを許可する。
WRITE CONCURRENT	排他ロックをかけるが、「READ LOCALロック」は許す。

● [テーブルのロックを解除]

テーブルのロックを解除します。

```
UNLOCK TABLES
```

5-6 プログラムの実行機能のSQL

プログラムの実行機能に関わるSQLを紹介します。

> ※機能の概念については、4章も参照してください。
> ※紙面の都合上、特殊なものは、書式を紹介しないので、公式ナレッジベースを参照してください。

■「プリペアード・ステートメント」(PREPARED STATEMENT)

「プリペアード・ステートメント」は、その名のとおり、あらかじめSQL文を登録しておくことで、SQL実行の高速化を図るものです。

「PREPARE」でSQL文をセットし、「EXECUTE」で実行、「DEALLOCATE」または「DROP」で削除できます。セットしたSQL文は、構文名を付けて管理します。

項　目	ステートメント
SQL文のセット	PREPARE
セットしたSQL文の実行	EXECUTE
セットしたSQL文の削除	DEALLOCATE または DROP
SQL文のセットとその実行	EXECUTE IMMEDIATE

● [SQL文のセット]

[5-6] プログラムの実行機能のSQL

「SQL文」をセットし、セットに名前を付けます。

PREPARE プリペアード・ステートメント名 FROM SQL文

● [プリペアード・ステートメントの実行]

セットしたSQL文を実行します。

EXECUTE プリペアード・ステートメント名 [USING 評価式 [, 評価式] ...]

● [プリペアード・ステートメントの削除]

セットしたSQL文を削除します。

{DEALLOCATE | DROP} PREPARE プリペアード・ステートメント名

● [SQL文のセットと、その実行]

「プリペアード・ステートメント」として、「SQL文」をセットし、実行します。

EXECUTE IMMEDIATE SQL文

■「ストアド・ルーチン」(STORED PROCEDURE/ STORED FUNCTION)

「ストアド・ルーチン」とは、一連のSQLをDBに登録しておく仕組みです。

*

「MariaDB」では、「ストアド・プロシージャ」と「ストアド・ファンクション」の2種類があります。

・「ストアド・プロシージャ」は、データベース上で実行できる小さなプログラム。SQL文をまとめて登録することもできる。

・「ストアド・ファンクション」は、関数を追加する機能。「CREATE FUNCTION」で作成し、登録する中身は、「BEGIN」と「END」の間に置く。

項　目	ステートメント
ルーチンを作成する	CREATE PROCEDURE/ CREATE FUNCTION
ルーチンを変更する	ALTER PROCEDURE/ ALTER FUNCTION
ルーチンを削除する	DROP PROCEDURE/ DROP FUNCTION
ルーチン作成時のSQL文を 確認する	SHOW CREATE PROCEDURE/ SHOW CREATE FUNCTION

133

| 第5章 | 「MariaDB」のSQLリファレンス |

ルーチンのSQL文を確認する	SHOW PROCEDURE CODE/ SHOW FUNCTION CODE
ルーチン定義を確認	SHOW PROCEDURE STATUS/ SHOW FUNCTION STATUS

●[ストアド・プロシージャの作成]

「ストアド・プロシージャ」を作ります。

```
CREATE [OR REPLACE]
    [DEFINER = { ユーザー名 | CURRENT_USER | ロール名| CURRENT_ROLE }]
    PROCEDURE プロシージャ名 ([引数 [,...]]) [構成要素...] 定義する内容

引数：
    [ IN | OUT | INOUT ] 引数名 データ型

構成要素：
    LANGUAGE SQL   | [NOT] DETERMINISTIC
  | { CONTAINS SQL | NO SQL | READS SQL DATA | MODIFIES SQL DATA }
  | SQL SECURITY { DEFINER | INVOKER }  |  COMMENT 'コメント内容'
```

DEFINER	作成者
IN	入力引数
OUT	出力引数
INOUT	入出力引数
構成要素	構成を記述することで、SQL文の実行を最適化できる

●[ストアド・ファンクションの作成]

「ストアド・ファンクション」を作ります。

プロシージャと同じ内容の箇所は、プロシージャの説明を参照してください。

```
CREATE [OR REPLACE]
    [DEFINER = {ユーザー名 | CURRENT_USER | ロール名 | CURRENT_ROLE }]
    [AGGREGATE] FUNCTION [IF NOT EXISTS] ファンクション名([引数
[,...]])
    RETURNS 戻り値の型 [構成要素...] RETURN 定義する内容
```

AGGREGATE	「集約関数」の場合は記載する。

134

[5-6] プログラムの実行機能のSQL

● [ストアド・プロシージャ/ファンクションの変更]

「ストアド・プロシージャ」または「ファンクション」の内容を変更します。

```
ALTER {PROCEDURE | FUNCTION} ルーチン名 [構成要素 ...]
```

● [ストアド・プロシージャ/ファンクションの削除]

「ストアド・プロシージャ」または「ファンクション」を削除します。

```
DROP {PROCEDURE | FUNCTION} [IF EXISTS] ルーチン名
```

■ トリガー(TRIGGER)

「トリガー」は、イベントが発生したときに、任意のSQLを実行する機能です。「イベント」とは、「INSERT」「UPDATE」「DELETE」のいずれかを指します。トリガーは、「CREATE TRIGGER」で作成し、「DROP」で削除できます。

項　目	内　容
トリガーを作成する	CREATE TRIGGER
トリガーを削除する	DROP TRIGGER
トリガー定義を表示する	SHOW TRIGGERS
トリガー作成時のSQL文を確認する	SHOW CREATE TRIGGER

● [書式]

トリガーを作ります。

```
CREATE [OR REPLACE]
    [DEFINER = { ユーザー名 | CURRENT_USER | ロール名 | CURRENT_ROLL }]
    TRIGGER [IF NOT EXISTS] トリガー名 実行タイミング 実行イベント
    ON テーブル名 FOR EACH ROW
    [{ FOLLOWS | PRECEDES } 他のトリガー名 ] 実行するSQL文

実行タイミング:
    BEFORE | AFTER

実行イベント:
    INSERT | UPDATE | DELETE
```

DEFINER	作成者。
FOLLOWS	指定した他のトリガーの後に実行する。
PRECEDES	指定した他のトリガーの前に実行する。

135

第5章 「MariaDB」のSQLリファレンス

●[トリガーの削除]

トリガーを削除します。

```
DROP TRIGGER [IF EXISTS] [データベース名.]トリガー名
```

●[トリガー定義の表示]

トリガーの定義を表示します。

```
SHOW TRIGGERS [FROM データベース名] [LIKE 'パターン' | WHERE 評価式]
```

5-7　　　　ユーザーに関わるSQL

ユーザーに関わるSQLです。

適切なユーザー管理は、安全な運用のために必須です。

> ※「MariaDB」では、「ユーザー名」と「アカウント名」は異なるので注意してください。

■「ユーザー」に関わる操作

「ユーザー」とは、データベースにアクセスしたり、操作できる存在のことです。

「ユーザー管理」では、「アカウント」と「パスワード」を設定したり、それぞれのユーザーに対し、どんな権限をもつのかを設定します。

データベースを操作するには、「権限」が必要です。権限がなければ、正しいSQL文を送ってもエラーになります。

*

また、「MariaDB」では、ユーザーの他に、「ロール」が存在します。

「ロール」とは「役割」のことで、「権限」をまとめたものです。

ロール単位で権限を設定し、「ユーザー」と「ロール」を紐付けることで、権限の管理を容易にします。

[5-7] ユーザーに関わる SQL

項　目	ステートメント
データベースユーザーの作成	CREATE USER
ロールの作成・使用	CREATE ROLE / SET ROLE
データベースユーザー・ロールの削除	DROP USER / DROP ROLE
ユーザー・ロールの権限の設定	GRANT
ユーザー・ロールの権限の削除	REVOKE

●[アカウント名]

「アカウント名」は、「ユーザー名」と「接続元のホスト名」で構成されます。

'ユーザー名' @ '接続元ホスト名'

「ユーザー名」と「ホスト名」は、引用符で囲まないか、「ダブル・クォーテーション」(")または「シングル・クォーテーション」(')、「バック・クォート」(`)でくくります。

引用符で囲む場合は、「ユーザー名」と「ホスト名」を別々に引用符で囲む必要があります。

■ データベースユーザーの作成(CREATE USER)

新しい「ユーザー」を作ります。

このコマンドを使うには、データベースに対するグローバルな「CREATE USER 権限」または「INSERT 権限」が必要です。

同じ名前のユーザーは作ることができません。

もし、複数のユーザーを同時に作った場合、同名のものがすでに存在する名前のアカウントはエラーが表示されますが、それ以外のユーザーは作成されます。

●[書式]

```
CREATE [OR REPLACE] USER [IF NOT EXISTS] ユーザー定義 [,ユーザー定義 ...]
   [REQUIRE {NONE |TLSオプション [[AND] TLSオプション ...] }]
   [WITH リソースオプション [リソースオプション ...] ] [パスワードオプション]
ユーザー定義:
```

137

第5章 「MariaDB」のSQLリファレンス

```
ユーザー名 [認証オプション]

認証オプション:
  IDENTIFIED BY '設定するパスワード'
  | IDENTIFIED BY PASSWORD '設定するパスワードのハッシュ値'
  | IDENTIFIED {VIA|WITH} 認証ルール [OR認証ルール ...]

認証ルール:
    認証プラグイン
  | 認証プラグイン {USING|AS} '認証文字列'
  | 認証プラグイン {USING|AS} PASSWORD('認証パスワード')

TLSオプション:
  SSL  | X509 | CIPHER '暗号スイート' | ISSUER '発行者名'
  | SUBJECT 'サブジェクト名'

リソースオプション:
  MAX_QUERIES_PER_HOUR count  | MAX_UPDATES_PER_HOUR count
  | MAX_CONNECTIONS_PER_HOUR count  | MAX_USER_CONNECTIONS count
  | MAX_STATEMENT_TIME time

パスワードオプション:
  PASSWORD EXPIRE  | PASSWORD EXPIRE DEFAULT
  | PASSWORD EXPIRE NEVER  | PASSWORD EXPIRE INTERVAL N DAY
```

表 オプション

IF NOT EXISTS	同じ名前のユーザーは作ることはできない。 そのため、すでに同名のユーザーが存在する場合は、エラーが表示されるが、「IF NOT EXISTS句」を使っていれば、エラーではなく警告を返す。
OR REPLACE	「10.1.3」から実装された機能。 その名の通り、ユーザーを置き換えるもの。 もし同じ名前のユーザーがあった場合は、すでにあるユーザーを削除し、新しく指定した名称のユーザーを作る。
REQUIRE	暗号化を必要とするかの設定。

[5-7] ユーザーに関わる SQL

●認証オプション

アカウントに「パスワード」を設定できます。

設定しない場合は、ユーザーは「パスワードなし」で接続できます。

オプション	内 容
IDENTIFIED BY	アカウントに「パスワード」を設定する。パスワードはプレーンテキストで指定する必要がある。「mysql.user テーブル」に格納される前に、PASSWORD関数によってハッシュされる。
IDENTIFIED BY PASSWORD	すでにハッシュされたパスワードをアカウントに指定する。パスワードは「PASSWORD関数」によって得られたハッシュとして指定する必要がある。これは「mysql.user テーブル」にそのまま保存される。
IDENTIFIED {VIA|WITH} 認証ルール	アカウントを特定の「認証プラグイン」によって認証するように設定する。「認証プラグイン」はインストール済でなければならない。一部の認証プラグインでは、「USINGキーワード」または「ASキーワード」の後に追加の引数を指定できる。

●TLSオプション

デフォルトでは「サーバ」と「クライアント」間は暗号化されませんが、「TLSオプション」を指定すると、暗号化通信ができます。

オプション	内 容
指定しない	「TLS通信」は必須ではない。
SSL	アカウントは「TLS」を使う必要があるが、「X509証明書」は不要。他の「TLSオプション」と併用できない。
X509	アカウントは「TLS」を使い、有効な「X509証明書」をもっている必要がある。他の「TLSオプション」と併用できない。
ISSUER '発行者'	アカウントは「TLS」を使い、有効な「X509証明書」をもっている必要がある。また、証明書は、指定した発行者によるものでなければならない。このオプションは、「SUBJECT」および「CIPHER」オプションと任意の順序で組み合わせることができる。

139

第5章 「MariaDB」のSQLリファレンス

SUBJECT 'サブジェクト名'	アカウントは「TLS」を使い、有効な「X509証明書」をもっている必要がある。 また、証明書のサブジェクトは指定されたものでなければならない。 このオプションは、「ISSUER」および「CIPHER」オプションと任意の順序で組み合わせることができる。
CIPHER '暗号スイート'	アカウントは「TLS」を使う必要があるが、「X509証明書」は不要。 また、接続に使われる暗号化では、文字列暗号で指定されている方法のいずれかを使う必要がある。このオプションは、「ISSUER」および「SUBJECT」オプションと任意の順序で組み合わせることができる。

●リソースオプション

特定のサーバリソースに対して、アカウントごとの制限を設定できます。

制限の種類	説　明
MAX_QUERIES_PER_HOUR	アカウントが1時間あたりに発行できるステートメントの数（更新を含む）
MAX_UPDATES_PER_HOUR	アカウントが1時間に発行できる更新（クエリではない）の数
MAX_CONNECTIONS_PER_HOUR	1時間にアカウントが開始できる接続数
MAX_USER_CONNECTIONS	同じアカウントから受け入れることができる同時接続数。 「0」の場合は、代わりに「max_connections」が使われる。「max_connections」が「0」の場合、このアカウントの同時接続数に制限はない。
MAX_STATEMENT_TIME	ユーザーによって実行されたステートメントのタイムアウト（秒単位）。

　これらの制限のいずれかが「0」に設定されている場合、そのユーザーに対するそのリソースの制限はありません。

　なお、アカウントの特権に影響なく、リソース制限を設定したい場合は、「USAGE特権」をもつ「GRANT文」を使えます。

[5-7]　ユーザーに関わる SQL

●パスワード・オプションと、後からのパスワード設定

　「パスワード・オプション」を指定すると、ユーザーごとに有効期間を設定できます。

　「default_password_lifetime」によって自動的に設定される有効期限を上書きできます。

オプション	内　容
PASSWORD EXPIRE	有効期限を設定する
PASSWORD EXPIRE DEFAULT	有効期限をデフォルトの数値にする
PASSWORD EXPIRE NEVER	有効期限を無効にする
PASSWORD EXPIRE INTERVAL N DAY	有効期限までの日付を設定する

　また、「パスワードなし」でユーザーを作った場合も、「SET PASSWORD」を使えば、パスワードの設定ができます。

　パスワードを変更したいときにも、「SET PASSWORD」を使います。

　パスワードは基本的に「PASSWORD」を使って設定します。

　古いバージョンを想定したプログラムから接続しなければならないときは、「OLD_PASSWORD」を使って古い形式で設定します。

```
SET PASSWORD [FORユーザー名] =
    {
        PASSWORD('設定したいパスワード')
    | OLD_PASSWORD('古い形式のパスワード')
    | '暗号化されたパスワード'
    }
```

■ ロールの作成・使用(CREATE ROLE/SET ROLE)

　「CREATE ROLE」でロールを作成できます。

　これを使うには、グローバルな「CREATE USER 権限」または「INSERT 権限」が必要です。

・ロール名の最大長は128文字。

・ロールの作成者は、他のユーザーにロールを割り当てることができる。

・作成者以外が他のユーザーにロールを割り当てたい場合は、「WITH ADMIN」で許可を与えておかなければならない。

141

| 第5章 | **「MariaDB」のSQLリファレンス** |

● [ロールの作成書式]

```
CREATE [OR REPLACE] ROLE [IF NOT EXISTS] ロール名
  [WITH ADMIN {CURRENT_USER | CURRENT_ROLE | ユーザー名| ロール名}]
```

　ロールを一時的に使用するには、「SET」を使います。

　「ロール名」を指定すると、現在のセッション中は、ユーザーは、該当のロールが使えるようになります。

　無効にする場合は、「NONE」を指定します。

● [ロールを有効にする書式]

```
SET ROLE { ロール名| NONE }
```

　常に同じロールを有効にしたい場合は、「SET DEFAULT ROLE」を使います。

　指定されたユーザー、または現在接続中のユーザーにデフォルトのロールを設定します。

　これが設定されていると、ユーザーが接続すると、デフォルトのロールが自動的に有効になります

● [デフォルトのロールを設定する書式]

```
SET DEFAULT ROLE { ロール名| NONE } [ FOR アカウント名]
```

■ データベースユーザー・ロールの削除(DROP USER/DROP ROLE)

　「DROP」で「データベース・ユーザー」や「ロール」のアカウントを削除します。

　アカウントに付随する権限も削除されるので注意してください。

　この構文を実行するには、データベースに対するグローバルな「CREATE USER権限」または「DELETE権限」が必要です。

・現在接続されているアカウントを指定した場合、そのアカウントは接続が終わるまで削除されない。

・指定された一部の「ユーザー・アカウント」が存在しない場合、エラーになりますが、存在するアカウントは、削除される。

142

[5-7] ユーザーに関わる SQL

・「IF EXISTS句」が使われている場合、ユーザーが存在しない場合、エラーではなく警告を返す。

●［書式］

```
. DROP {USER | ROLE} [IF EXISTS] ユーザー名またはロール名[1][, ユーザー
名またはロール名] ...
```

■ データベースユーザー・ロールの権限設定（GRANT）

「GRANTステートメント」を使うと、アカウントに権限やロールを付与できます。

「GRANT」を使うには、「GRANT OPTION権限」が必要です。権限を取り消すには、「REVOKE」を使います。

「CREATE USER」と同じ項目に関しては、そちらを参照してください。

●［書式］

```
GRANT
    権限の種類[(対象となる列のリスト)] [,権限の種類[(対象となる列のリスト)]] ...
    ON [オブジェクトの種類] 権限のレベル TO ユーザー定義 [ユーザーオプション... ]

GRANT PROXY ONユーザー名
TO ユーザー名 [,ユーザー名] ... [WITH GRANT OPTION]

ユーザーオプション:
    [REQUIRE {NONE |TLSオプション [[AND]TLSオプション] ...}]
    [WITH withオプション [withオプション] ...]

オブジェクトの種類:
    TABLE | FUNCTION  | PROCEDURE

権限レベル:
    *  | *.*  | データベース名.*  | データベース名.テーブル名
   | テーブル名  | データベース名.ルーチン名

withオプション:
    GRANT OPTION  | リソースオプション

リソースオプション:CREATE USERと同じ
TLSオプション: CREATE USERと同じ
```

---

1 USERの場合は、ユーザー名、ROLEの場合は、ロール名を指定のこと

143

第5章 「MariaDB」のSQLリファレンス

● [オプション]

withオプション	与える権限
オブジェクトの種類	権限対象

● [暗黙のアカウント作成]

「GRANT」は権限を与えるステートメントではありますが、もし対象のアカウントが存在していない場合は、その名称のアカウントを同時に作ります。「CREATE USERステートメント」を使う場合と同じ権限が必要です。

＊

「NO_AUTO_CREATE_USER SQL_MODE」が設定されている場合は、認証情報が指定されている場合、または「CREATE USER文」を使っている場合にのみアカウントを作成できます。

認証情報が提供されていない場合、指定されたアカウントが存在しないと「GRANT」はエラーを生成します。

● [認証オプション]

「ユーザー・アカウント」がすでに存在し、「IDENTIFIED BY句」を指定した場合は、ユーザーのパスワードが変更されます。

「GRANT」を使ってユーザーのパスワードを変更するには、「SET PASSWORDステートメント」に必要な特権が必要です。

● [権限レベル]

「サーバ全体(グローバル)」「データベース全体」「テーブル」「ルーチン」あるいは「テーブル内の個々の列」に権限[1]を設定できます。

権　限	指定方法
デフォルトのデータベース	*
グローバル	*.*
データベース	データベース名.*
テーブル	データベース名.テーブル名または、テーブル名
列	(列名, 列名, ･･･) ON データベース名.テーブル名
関数/プロシージャ	データベース名.ルーチン名

1　権限についての詳しい説明はp.92

●[ロール]

「GRANT 文」で、ユーザーが該当のロールを使えるようにします。

これを実行するには、「ロールの作成者」または「ロール作成時に指定されたユーザー」である必要があります。

＊

「WITH ADMIN OPTION」を指定すると、該当のユーザーにロール付与の権限を与えることができます。

ロールが付与されても、すぐに使えるわけではありません。

ユーザーが「SET ROLE」を使ってロールを有効にして、初めて使えるようになります。

常に該当のロールを使いたい場合は、「SET DEFAULT ROLE」で設定します。

```
GRANT ロール名 TO ユーザー名[, ユーザー名2 ... ] [ WITH ADMIN OPTION ]
```

●[権限変更の適用(FLUSH PRIVILEGES)]

権限の変更を適用します。

```
FLUSH PRIVILEGES
```

●[データベースユーザーの権限の確認(SHOW GRANTS)]

そのユーザーにどのような「権限」や「ロール」が設定されているかは、SHOW GRANT コマンドを使うことで、確認できます。

```
SHOW GRANTS [FOR user | FOR role]
```

■ データベースユーザー・ロールの権限削除(REVOKE)

「REVOKE」で、ユーザーに与えた権限やロールを削除できます。

この構文を使うには、「GRANT OPTION 権限」および「取り消したい対象の権限」が必要です。

第5章 「MariaDB」のSQLリファレンス

● [書式]

```
REVOKE
権限の種類 [(対象となる列のリスト)][,権限の種類 [(対象となる列のリスト)]] ...
    ON [オブジェクトの種類] 権限のレベル FROM ユーザー名[,ユーザー名] ...
```

すべての権限を取り消したいときは、「REVOKE ALL PRIVILEGES」を使います。

これは、指定されたユーザーのすべての「グローバル権限」「データベース権限」「テーブル権限」「カラム(列)権限」「ルーチン権限」を削除します。

この「REVOKE構文」を使うには、「MariaDB」データベースに対するグローバルな「CREATE USER権限」または「UPDATE権限」が必要です。

● [すべての権限を削除する書式]

```
REVOKE ALL PRIVILEGES, GRANT OPTION FROM ユーザー名[,ユーザー名] ...
```

● [ロールの削除]

ロールも「REVOKE」で削除できます。

```
REVOKEロール名 [,ロール名...] FROMユーザー名 [,ユーザー名2 ... ]
```

[5-8] 保守運用に関わる SQL

5-8 保守運用に関わるSQL

「インポート」や「テーブルの解析」など、保守運用に関わるSQLを紹介します。

紹介するもの以外にも、便利なステートメントがあります。上手く利用していくといいでしょう。

■ 問い合わせ計画の表示(EXPLAIN/ DESCRIBE)

「EXPLAIN」は、「MariaDB」は、どのように問い合わせを実行するのか、その評価の結果を表示します。

「DESCRIBE」も同じように使えます。

● [書式]
```
EXPLAIN テーブル名
| EXPLAIN [EXTENDED | EXTENDED PARTITIONS]
  { SELECT文 | UPDATE文 | DELETE文 }
```

表 オプション

EXTENDED	追加情報を返す。
EXTENDED PARTITIONS	「パーティション・テーブル」に対して処理する。

表 返される情報

項 目	内 容
id	連番。
select_type	テーブルがどのような「SELECT」に基づくか。
table	テーブルの別名。
type	テーブルからのレコードの検索方法(結合タイプ)。
possible_keys	レコードを見つけるために使えるkey。
key	レコードを取得するために使えるkeyの名前。
key_len	使われたkeyのバイト数。
ref	key値として使用されている参照。
rows	レコード数の見積もり。
Extra	追加情報。

147

第5章　「MariaDB」のSQLリファレンス

■ テーブルの解析(ANALYZE TABLE)

「ANALYZE TABLE」は、テーブルに含まれているキー分布を分析して、検索しやすくします。

分析中、テーブルには、ロックがかかります。
「MyISAM」の場合は共有ロックで、「InnoDB」の場合は排他ロックです。

●[書式]

```
ANALYZE [NO_WRITE_TO_BINLOG | LOCAL] TABLE テーブル名 [,テーブル名 ...]
  [PERSISTENT FOR [ALL|COLUMNS ([列名 [,列名 ...]])]
    [INDEXES ([インデックス名 [,インデックス名 ...]])]]
```

表　オプション

NO_WRITE_TO_BINLOG	LOCAL	バイナリログに書かない。
PERSISTENT FOR	仮想列を集計対象に入れるかどうかを指定する。

■ テーブルの検査(CHECK TABLE)

「CHECK TABLE」は、「テーブルのエラー」をチェックします。
使えるテーブルは「Archive」「Aria」「CSV」「InnoDB」「MyISAM」です。

●[書式]

```
CHECK TABLE テーブル名 [, テーブル名] ... [オプション] ...
オプション = {FOR UPGRADE | QUICK | FAST | MEDIUM | EXTENDED | CHANGED}
```

FOR UPGRADE[1]	テーブルの格納形式が変更されたかどうかを簡単にチェックする。
FAST	破損しているとマークされているテーブルのみ確認する。 「MyISAM」と「Ariaエンジン」のみサポートされている機能。他のエンジンでは通常通りチェックされる。

1　要は「REPAIR」が必要かどうかチェックする。「MariaDB」または「MySQL」のメジャーバージョン間でアップグレードする場合だけでよい。通常「mysql_upgrade」を実行することによって行なわれる。

148

CHANGED	最後の「REPAIR / CHECK」以降に変更されたテーブルだけをチェックする。 「MyISAM」と「Ariaエンジン」のみサポート。他のエンジンでは通常通りチェックされる。
QUICK	簡易的なチェック。「MyISAM」と「Ariaエンジン」のみサポート。
MEDIUM	チェックサムを使って「データ・ファイル」と「インデックス・ファイル」間の整合性をチェックする。
EXTENDED	フルチェックを行なう。

■ インポート、エクスポート(LOAD DATA)

ファイルを「インポート」「エクスポート」できます。

ここでは、インポートの書式のみを紹介します。
エクスポートに関しては、「SELECT文」の項目を参照してください。

項　目	ステートメント
インポート	LOAD DATA
テキストとしてエクスポート	SELECT文 INTO OUTFILE句
バイナリとしてエクスポート	SELECT文 INTO DUMPFILE句

● [インポート]
「テキスト・ファイル」をインポートします。

```
LOAD DATA [LOW_PRIORITY | CONCURRENT] [LOCAL] INFILE 'ファイル名'
    [REPLACE | IGNORE] INTO TABLE テーブル名 [CHARACTER SET 文字コード]
    [{FIELDS | COLUMNS} [TERMINATED BY '区切り文字']
        [[OPTIONALLY] ENCLOSED BY '引用符文字'] [ESCAPED BY 'エ
スケープ文字']]
    [LINES [STARTING BY '開始文字'][TERMINATED BY '改行文字']]
    [IGNORE 行数 LINES][(列名,...)] [SET 列名
= 評価式,...]
```

第5章	「MariaDB」のSQLリファレンス

LOW_PRIORITY	優先度を下げる。
CONCURRENT	並列書き込みで処理。
LOCAL	自分自身にファイルが置かれていることを指定する。
REPLACE	主キーが同じレコードがある場合に、置き換える。
IGNORE	主キーが同じレコードがある場合に、置き換えない。
FIELDS	レコード。
COLUMNS	列(カラム)。
区切り文字	通常はタブ(¥t)。
改行文字	通常は改行(¥n)。
IGNORE 行数 LINES	先頭n行を読み飛ばす。

■ システム変数の変更(SET)

「サーバ」または「クライアント」の動作に影響を与えるさまざまな種類の変数に値を割り当てます。

「SETステートメント」を使ってシステム変数を変更しても、恒久的な変更は行なわれません。そのためには、設定ファイルで変更を加える必要があります。

● [書式]

```
SET 変数定義 [,変数定義] ...

変数定義：
      ユーザー変数名= 評価式
   | [GLOBAL | SESSION] システム変数名 = 評価式
   | [@@global. | @@session. | @@] システム変数名 = 評価式
```

表　オプション

GLOBAL	全体について設定する。
SESSION	このセッションにのみ設定する。

■ システム変数の表示(SHOW VARIABLES)

システム変数の値を表示します。

同じ情報は、「MySQLadmin variables コマンド」を使っても取得できます。

「LIKE句」がある場合は、どの変数名と一致するかを示します。

より一般的な条件を使って行を選択するために「WHERE句」を指定できます。

●[書式]

```
SHOW [GLOBAL | SESSION] VARIABLES
    [LIKE 'パターン' | WHERE 評価式]
```

表 オプション

GLOBAL	新しい接続に使用される値を表示する。
SESSION	現在の接続に有効な値を表示する。「LOCAL」は同義語。
LIKE句	パターンに一致する名前をもつ変数の行だけを表示。

■ 各種情報やログのリセット(FLUSH)

「MariaDB」によって使われるさまざまな内部キャッシュを、消去または再読み込みします。

「FLUSH」を実行するには、「RELOAD権限」が必要です。

「FLUSH」は、「ストアド・ファンクション」または「トリガー内」から発行することはできません。「ストアド・プロシージャ」では使えます。

●[書式]

```
FLUSH [NO_WRITE_TO_BINLOG | LOCAL] flushオプション [, flushオプション] ...
```

第5章　「MariaDB」のSQLリファレンス

表　flush　オプション

CHANGED_PAGE_BITMAPS	バックアップ目的で使われる内部コマンド。
CLIENT_STATISTICS	クライアント統計をリセットする。
DES_KEY_FILE	DES鍵ファイルを再読み込みする。
HOSTS	ホスト名キャッシュをフラッシュする。
INDEX_STATISTICS	インデックス統計をリセットする。
LOGS	ログを開き直す。
MASTER	廃止予定のオプション。代替としてRESET MASTERを使用すること。
PRIVILEGES	MySQLデータベースの特権テーブルからすべての特権を再読み込みする。
QUERY CACHE	クエリキャッシュを最適化してメモリをより有効に活用する。
QUERY_RESPONSE_TIME	QUERY_RESPONSE_TIMEプラグイン。
SLAVE	廃止予定のオプション。代替として「RESET SLAVE」を使うこと。
SSL	TLSシステム変数によって定義されたファイルを再読み込みする。
STATUS	すべてのサーバ状況変数をリセットする(できないものもある)。
TABLE[1]	指定されたテーブルをすべて閉じる。
TABLES	「FLUSH TABLE」と同じ。
TABLES ... FOR EXPORT	「InnoDBテーブル」の場合、サーバの実行中に「バイナリ・テーブル・コピー」を許可するためにテーブルの変更をディスクにフラッシュする。
TABLES WITH READ LOCK	開いているテーブルをすべて閉じる。「UNLOCK」されるまで、新しいテーブルは共有ロックでしか開けない。
TABLES WITH READ LOCK AND DISABLE CHECKPOINT	「TABLES WITH READ LOCK」と同じだが、「トランザクション・テーブル・エンジン」によるすべてのチェックポイント書き込みも無効にする。
TABLE_STATISTICS	テーブル統計をリセットする。
USER_RESOURCES	1時間あたりのユーザーリソースの使用量をすべてリセットする。
USER_STATISTICS	ユーザー統計をリセットする。

1　「MariaDB 10.4.1」から、テーブルリストなしで使うと、使われていないテーブルだけが閉じられ、FLUSH TABLES接続によってロックされていないテーブルだけが閉じられる。ロックされたテーブルがない場合、FLUSH TABLESは即座に実行され、使用中のテーブルを待機しなくなるため、待機することはない。「MariaDB 10.4.1」からテーブルリストが提供されると、サーバはテーブルを使っているトランザクションが終了するのを待つ。

152

データ型・演算子・関数

「データ型」や「演算子」など。他の「RDBMS」でも共通のものも多いので、データベース操作に慣れている場合は、よくご存じかもしれません。
資料的な意味合いのものなので、困ったときに確認するといいでしょう。

第6章	データ型・演算子・関数

6-1　データ型

　「MariaDB」では、「数値型」「日付と時間型」「文字列型」「空間型」など、よく使われるデータ型すべてに対応しています。

■　数値型

　数値を扱うデータ型です。「文字列」を入れることはできません。
　四則演算できることが大きな特徴です。

*

　「値だけを保存する」性質があるため、「00123」などの「0」から始まる数字は「0」が省略されます。

❶整数型 (真数値)

　整数を扱うデータ型です。小数は扱えません。
　符号の有無によって取る範囲が異なります。すべての型にオプションとして「符号の有無」[1]を指定できます。

型の名称	符号付き (SIGNED)	符号なし (UNSIGNED)
TINYINT	$-2^7 \sim 2^7$-1 (-128〜127)	$0 \sim 2^8$-1 (0〜255)
SMALLINT	$-2^{15} \sim 2^{15}$-1 (-32768〜32767)	$0 \sim 2^{16}$-1 (0〜65535)
	$-2^{23} \sim 2^{23}$-1 (-8388608〜8388607)	$0 \sim 2^{24}$-1 (0〜16777215)
INT	$-2^{31} \sim 2^{31}$-1 (-2147483648〜2147483647)	$0 \sim 2^{32}$-1 (0〜4294967295)
BIGINT	$-2^{63} \sim 2^{63}$-1 (-9223372036854775808〜9223372036854775807)	$0 \sim 2^{64}$-1 (0〜18446744073709551615)

❷固定小数点型 (真数値) ／浮動小数点型 (概数値)

　どちらも小数を扱う型ですが、小数点以下の桁数の扱いが異なります。

　「固定小数型」は、設定した桁数を超えると、そのぶんの数字は丸められます。

1　「符号なし」のことを「UNSIGNED」と言います。

[6-1] データ型

「浮動小数型」は、入力した数字の桁数によって、桁数が決まる型です。

ただし、入力したデータの桁数が、極端に大きく変動すると、勝手に数字が丸められてしまいます。

分　類	型の名称	特　徴
浮動小数型	FLOAT	単精度浮動小数型。精度が低い
	DOUBLE	倍精度浮動小数型。FLOATの倍の精度がある
固定小数型	DECIMAL/NUMERIC	指定した桁数の精度が保障される型

❸ビット値型

ビット形式でデータを格納するデータ型です。

型の名称	特　徴
BIT（ビット）	指定されたビット数を格納する型

■ 日付と時刻型

日付や時間を扱うデータ型です。全体を「シングル・クォート」(')で囲みます。

＊

このタイプで扱えるのは日付や時刻のみで、「文字列」や「存在しない範囲」は入りません。

たとえば、「13月」や「35日」は入力しても、「00」として認識されます。

「年」「月」「日」「時」「分」「秒」をそれぞれ取り出したり、起点からどれだけの時間が経ったのかを計算したりすることもできます。

日付の部分は、「年-月-日」の順で指定する必要があります。

第6章 データ型・演算子・関数

扱う範囲	型の名称	特　徴	「ゼロ」値
日付	DATE	日付を格納する型。	'0000-00-00'
時刻	TIME	時刻を格納する型。	'00:00:00'
日付と時刻	DATETIME	日付と時刻の両方を格納する型。1000年〜9999年まで格納できる	'0000-00-00 00:00:00'
	TIMESTAMP	日付と時刻の両方を、1970年を起点とした値で格納する型。1970年〜2038年まで格納できる	'0000-00-00 00:00:00'
年	YEAR	年だけを格納する型	0000

表　年を2桁で記述した場合の解釈

2桁での記述	「MariaDB」での解釈
70-99	1970-1999
00-69	2000-2069

表　使える区切り文字

扱う範囲	区切り文字
日付	-（ハイフン），/（スラッシュ），＾（ハット），@（アットマーク）
時刻	:（コロン），＋（プラス），＊（アスタリスク），＾（ハット）

※区切り文字は省略することもできる。「日付」と「時刻」は「.」（ドット）でつなげる

■ 文字列型

文字列を扱うデータ型です。

全体を「シングル・クォート」(')で囲みます。

*

このタイプは、文字列も数字も扱うことができますが、数字は文字列として扱われるため、四則演算はできません。

連結したり文字数を調べたり、前後の空白を取り除いたり、部分的に合致するかどうかを調べるなどの操作ができます。

[6-1] データ型

表　文字列を扱うデータ型

型の名称	長　さ	特　徴
CHAR	固定長	指定した長さ（固定長）の文字列。最大255文字。長さに満たない末尾は空白で埋められる
VARCHAR	可変長	指定した長さ以下の可変長の文字列。最大65535文字。
TEXT	可変長	データサイズを設定しない型。65535文字以上も可能。

表　バイナリデータを扱うデータ型

型の名称	長　さ	特　徴
BINARY	固定長	指定した長さのバイナリデータ。最大255バイト。長さに満たない末尾は「0」で埋められる。
VARBINARY	可変長	指定した長さ以下のバイナリデータ。最大65535バイト。
BLOB	可変長	データサイズを設定しない型。65535バイト以上も可能。

表　その他

扱う範囲	型の名称	特　徴
列挙型	ENUM	あらかじめ用意した選択肢のなかからひとつ選ぶ型。
セット型	SET	あらかじめ用意した選択肢の複数の組み合わせを選ぶ型。

| 第6章 | データ型・演算子・関数 |

6-2 特殊な文字を表現したいとき

　文字列に改行などの特殊な記号を入力したいときは、「エスケープ・シーケンス」を使います。

　「エスケープ・シーケンス」は半角の「¥」マーク[1]と「英数字」で示します。

表　エスケープ

エスケープ・シーケンス	意　味
¥0	アスキーコードの「0x00」の文字。C言語などで末端を示すときに使われる
¥'	シングル・クォート文字
¥"	ダブル・クォート文字
¥b	バックスポース文字
¥n	改行文字
¥r	復帰改行文字
¥t	タブ文字
¥z	Ctrl キーを押しながら Z を入力したときに入力される記号
¥¥	「¥」文字自体
¥%	「%」文字
¥_	「_」文字

1　Mac や Linux などでは半角の「＼」（逆スラッシュ）で表記されることもある

[6-3] 演算子

6-3 演算子

■ 演算子

「演算子」は、データ処理するときの記号です。

優先順位は、以下のようになっています。

```
INTERVAL
BINARY, COLLATE
!
- (unary minus), ~ (unary bit inversion)
^
*, /, DIV, %, MOD
-, +
<<, >>
&
|
= (comparison), <=>, >=, >, <=, <, <>, !=, IS, LIKE, REGEXP, IN
BETWEEN, CASE, WHEN, THEN, ELSE
NOT
&&, AND
XOR
||, OR
= (assignment), :=
```

❶算術演算子
四則演算できる演算子です。

・主な算術演算子

+,-,*,/,%,DIV,MOD

❷比較演算子
比較するときに使う演算子です。

・主な比較演算子

=,<,>,=<,>=,<>, !=

159

第6章　データ型・演算子・関数

演算子の種類	演算子の意味
BETWEEN X AND Y	X 以上、Y 以下の範囲に入っている。
NOT BETWEEN X AND Y	X 以上、Y 以下の範囲に入っていない。
IN	列挙した値のいずれかである。
NOT IN	列挙した、どの値でもない。
LIKE	文字列がパターンに合致する。
NOT LIKE	文字列がパターンに合致しない。
<=>	「NULL」と「NULL」とを比較したときは等しいように比較する（「=」で比較するときは、NULL と NULL とを比較した結果は NULL となる）。
IS	「真」か「偽」か「NULL」かをチェックする。
IS NOT	IS の否定。
IS NULL	NULL である。
ISNULL()	引数が NULL かどうかをチェックする。
IS NOT NULL	NULL ではない。
COALESCE()	NULL 以外の最初の引数を返す。
LEAST()	最小の引数を返す。
GREATEST()	最大の引数を返す。
INTERVAL()	第 1 引数より小さい引数のインデックスを返す。
STRCMP()	2 つの文字列を比較する。

❸論理演算子

比較演算子の結果を組み合わせたり、条件を反対に意味にしたりするときに使う演算子です。

演算子の種類	演算子の意味
AND, &&	論理 AND
NOT, !	値を否定
||, OR	論理 OR
XOR	論理 XOR

[6-4] 関数

❹割り当て演算子

変数に値を割り当てる演算子です。

演算子の種類	演算子の意味
:=	変数に値を割り当てる。
=	「:=」と同じだが、ただの比較演算子として扱われることもある。

6-4　　　　　　　　関数

■ 関数

「関数」は、SQL文の中で、リテラル値を入れるような場所に入れます。

つまり、「SELECT 列名」のような文があった場合に、「列名」の部分を関数で指定することもできます。

・関数に渡す値＝引数(ひきすう)

・関数の結果の値＝戻り値(もどりち)

と言います。

また、関数が結果の値を設定することを「値を返す」と表現します。

■「数値関数」とは

数学の計算をするための関数です。値の「丸め」や「累乗」、「正負の変換」などがあります。

●数字を操作する関数

「FLOOR」と「CEILING・CEIL」のどちらを使うかによって、丸めた後の数字が違うので、注意してください。

名　前	説　明
FLOOR()	引数以下で最大の整数値を返す。正の数が増える方向に切り捨て。
CEILING(),CEIL()	引数以上で最小の整数値を返す。負の数が増える方向に切り上げ。
ROUND()	引数を四捨五入する。
TRUNCATE()	指定された小数点以下の桁数に切り捨て。

第6章　データ型・演算子・関数

●「指数対数」の計算をする関数（累乗・平方根・指数対数）

指数対数の計算をする関数です。

名　前	説　明
EXP()	引数を「累乗」する。
SQRT()	引数の「平方根」を返す。
POW(),POWER()	引数を指定した「指数」で「累乗」する。
LN(),LOG()	引数の「自然対数」を返す。
LOG10(),LOG2()	それぞれ引数の「底10の対数」「底2の対数」を返す。

●「三角関数」を計算する関数

三角関数や角度の計算をする関数です。

名　前	説　明
SIN(),COS(),TAN(),COT()	それぞれ「サイン」「コサイン」「タンジェント」「コタンジェント」を返す。
ASIN(),ACOS(),ATAN()	それぞれ「アークサイン」「アークコサイン」「アークタンジェント」を返す。
ATAN2(), ATAN()	2つの引数の「アークタンジェント」を返す。
PI()	「π」の値を返す。
DEGREES()	「ラジアン」を角度に変換する。
RADIANS()	「ラジアン」に変換された引数を返す。

●その他の数値関数

そのほか、ランダムな数字を返すなどの関数もあります。

名　前	説　明
RAND()	ランダムな「浮動小数点値」を返す。
ABS()	引数の「絶対値」を返す。
SIGN()	引数の「符号」を返す。
CRC32()	「巡回冗長検査値」を計算する。
CONV()	「10進数」から「2進数」に変えるなど、基数を変えた数値に変換する。

[6-4]　関数

■「文字列関数」とは

文字列の操作をする関数です。

「大文字」「小文字」の変換や、部分的な文字列の「取り出し」「置換」「結合」などがあります。

●連結や置換する関数

文字列の「連結」や「置換」をする関数です。

名　前	説　明
CONCAT()	文字列を連結する。
CONCAT_WS()	区切り文字を指定して文字列を連結する。
INSERT()	文字列を挿入する。
REPLACE()	指定された文字列を置換する。

●長さを求める関数

文字列の長さを求める関数です。

名　前	説　明
CHAR_LENGTH()、CHARACTER_LENGTH()	「文字数」(文字の長さ)を返す。
LENGTH()、OCTET_LENGTH()	文字の「バイト数」を返す。
BIT_LENGTH()	文字の「ビット数」を返す。

●部分的な文字列の取り出しや穴埋め

部分的に取り出すときや、末尾の空白を取り除いたり、指定した桁数に合うように、左や右に空白や「0」を挿入したいときなどに使います。

名　前	説　明
LEFT()	左端から指定された数の文字列を取り出す。
RIGHT()	右端から指定された数の文字列を取り出す。
MID(),SUBSTRING(),SUBSTR()	指定した箇所から、指定した文字数の文字列を取り出す。
SUBSTRING_INDEX()	指定した区切り文字が指定回数見つかった箇所から左側すべての文字列を返す。
TRIM()	先頭と末尾にある空白を削除する。
LTRIM()	先頭の空白を削除する。
RTRIM()	末尾の空白を削除する。
LPAD()	指定した桁数で左から文字を埋める。
RPAD()	指定した桁数で右から文字を埋める。
SPACE()	指定した数の空白で構成された文字列を返す。

163

第6章　データ型・演算子・関数

●変換関数

文字列を「大文字」「小文字」に置換したり、「カンマ区切り」の文字列に変換したり、「指定した回数だけ繰り返す」「逆順に並べる」などの関数があります。

名　前	説　明
LOWER(),LCASE()	アルファベットの「大文字」を「小文字」に変換する。
UPPER(),UCASE()	アルファベットの「小文字」を「大文字」に変換する。
FORMAT()	数値のカンマ区切り表記や小数以下の揃えなどをフォーマットする。
REPEAT()	文字列を指定された回数だけ繰り返す。
QUOTE()	SQL ステートメント内で使うために引数を「エスケープ」する。
REVERSE()	文字列内の文字を逆順に並べ替える。

●検索関数

文字列が、どの位置に含まれているか、その番号を取得するときに使います。

名　前	説　明
LOCATE(),POSITION(),INSTR()	指定した文字列が先頭から何番目に合致するかを探す。
STRCMP()	2つの文字列が等しいかどうかを比較する。

●その他の関数

「データ・リスト」と呼ばれるデータの一覧から、該当するデータを取得したり、ファイルから文字列を読み込んだりする関数などがあります。

名　前	説　明
ELT()	データリストの中から、指定した順序の文字列を取り出す。
EXPORT_SET()	ビットを比較して「0」と「1」の状態から、新しい文字列を作る。
FIELD()	データリストの中から、指定した値と一致する位置を返す。
FIND_IN_SET()	カンマで区切られたデータリストの文字列の中から、指定した値と一致する位置を返す。
MAKE_SET()	データリストの中から、指定したビット位置に相当する値を取り出し、カンマで区切って接続した文字列に変換する。
LOAD_FILE()	指定されたファイルを文字列として読み込んで処理する。
SOUNDEX()	「soundex 文字列」と呼ばれる、同じ発音なら、同じ値となる4文字の文字列を返す。英語以外では期待した結果にならない。
WEIGHT_STRING()	文字を比較するとき大小比較の基準となる「重み付け」の値を返す。この関数が使われることは、ほとんどない。

[6-4] 関数

■「日付関数」とは

「日付」や「時間」を検索する関数です。

「現在の日時」を得たり、「曜日」を計算したり、「日時の差」を求めたりできます。

●現在の「日時」「時刻」を取得する関数

現在の「日付」「時刻」を取得する関数です。

他のDBMSとの互換性の都合上、多くの「シノニム」(同義語)が対応しています。

名　前	説　明
CURDATE()[1]	現在の日付を取得する。
CURTIME()[2]	現在の時刻を取得する。
NOW()[3]	現在の日時を取得する。
UTC_DATE()	現在のUTC日付を取得する。
UTC_TIME()	現在のUTC時刻を取得する。
UTC_TIMESTAMP()	現在のUTC日時を取得する。
SYSDATE	この関数が実行される時間を取得する。

●部分的な取り出し関数

「年」「月」「日」「時」「分」「秒」などを、ひとつずつ取り出すための関数です。

名　前	説　明
YEAR()	「年」を取得する(4桁で結果が得られる)。
YEARWEEK()	「年」と「週」を取得する。
QUARTER()	「四半期」を取得する。
DAYOFYEAR()	「1」から「366」までの値で、その年の1月1日からの日数を取得する 。
WEEK(),WEEKOFYEAR()	「0」から「53」までの値で、その年の1月第1週からの暦週を取得する。
MONTH()	「月」を取得する。
MONTHNAME()	「January」など、「月の名称」を取得する。
DAYOFMONTH()、DAY()	「0～31」までの値で、「日にち」を取得する。
WEEKDAY(),DAYOFWEEK()	1～7(1=日曜日、2=月曜日、…、7=土曜日)の値で曜日インデックスを取得する。
DAYNAME()	「Sunday」など、「曜日の名称」を取得する。
HOUR()	時刻のうち、「時」を取得する。
MINUTE()	時刻のうち、「分」を取得する。
SECOND()	時刻のうち、「秒」を取得する。
MICROSECOND()	時刻のうち、「マイクロ秒」を取得する。
EXTRACT()	日付の任意の一部を取得する。

1 「CURRENT_DATE()」や「CURRENT_DATE」と記述してもよい。

2 「CURRENT_TIME()」や「CURRENT_TIME」と記述してもよい。

3 「CURRENT_TIMESTAMP()」「CURRENT_TIMESTAMP」「LOCALTIME()」「LOCALTIME」「LOCALTIMESTAMP」「LOCALTIMESTAMP()」などの記述でもよい。

| 第6章 | データ型・演算子・関数 |

●間隔の計算

「日付」や「時刻」の間隔を計算したいときに使う関数です。「INTERVAL」とセットで使います。

```
関数('記述とする日付と時刻' , INTERVAL 数 単位)
```

たとえば、「2020年1月20日3時40分6秒の一日後」を求めたい場合は、以下のようになります。

```
DATE_ADD('2020-01-20 03:40:06',INTERVAL 1 DAY)
```

表　間隔の計算に関する関数

名　前	説　明
DATE_ADD()、DATE_SUB()、ADDDATE()、SUBDATE()	「日付値」に「時間値」(間隔)を加算または減算[1]する。
ADDTIME()、SUBTIME()	「時刻」を加算または減算する。
TIMESTAMPADD()、TIMESTAMPDIFF()	「日付時刻値」に加算または減算する。
PERIOD_ADD()、PERIOD_DIFF()	「年月」を示す6桁の値に、月を加算または減算する。
DATEDIFF()	「日付の差」を求める。
TIMEDIFF()	「時間の差」を求める。

表　単位の表わし方

単位の値	意　味
MICROSECOND	マイクロ秒数
SECOND	秒数
MINUTE	分数
HOUR	時数
DAY	日数
WEEK	週数
MONTH	月数
QUARTER	四半期数
YEAR	年数

単位の値	意　味
SECOND_MICROSECOND	'秒.マイクロ秒'
MINUTE_MICROSECOND	'分:秒.マイクロ秒'
MINUTE_SECOND	'分:秒'
HOUR_MICROSECOND	'時:分:秒.マイクロ秒'
HOUR_SECOND	'時:分:秒'
HOUR_MINUTE	'時:分'
DAY_MICROSECOND	'日数 時:分:秒.マイクロ秒'
DAY_SECOND	'日数 時:分:秒'
DAY_MINUTE	'日数 時:分'
DAY_HOUR	'日数 時'
YEAR_MONTH	'年-月'

1　「DATE_ADD」と「DATE_SUB」は日時の計算、「ADDTIME」と「SUBTIME」は時刻のみの計算。ADDは「それより後の値」、SUBは「それより前の値」を、それぞれ計算する。

[6-4] 関数

●変換関数

日時のうちの「日付」や「時刻」の部分だけを取り出したり、「秒数」を整数として取り出したりするなど、各種変換をするための関数です。

表　変換関数の一覧

名　前	説　明
DATE()	日付を取得する。
TIME()	時刻を取得する。
TIMESTAMP()	「日付のみ」や「時刻のみ」を、日付・時刻を含むタイムスタンプ値に変換する。
TIME_TO_SEC()	時刻を「秒数」に変換する。
SEC_TO_TIME()	秒数を「HH:MM:SS」形式に変換する。
TO_DAYS()	「0 年」を起点とする日数を取得する。
FROM_DAYS()	「TO_DAYS」で取得した日数を、元の日付書式に戻す。
TO_SECONDS()	「0 年」を起点とする秒数を取得する。
UNIX_TIMESTAMP()	「UNIX タイムスタンプ」に変換する。
FROM_UNIXTIME()	「UNIX タイムスタンプ」を日時に変換する。
DATE_FORMAT()、TIME_FORMAT()	日時や時刻を指定された書式に変換する。
STR_TO_DATE()	文字列を指定した書式に当てはめて、「日時」に変換する。
GET_FORMAT()	よく使われる標準的な書式を指定するための、「指定文字列」を取得する。
MAKEDATE()	「年」と「年間通算日」から日付を作る。
MAKETIME()	「時」「分」「秒」から時刻を作る。
LAST_DAY	月末の日を取得する。
CONVERT_TZ()	あるタイムゾーンから別のタイムゾーンに変換する。

標準では「2020-01-20 06:45:15」という書式ですが、「2020年1月20日6時45分15秒」のように日本語表記に変更したいときは、「DATE_FORMAT関数」を使います。

書式は、「指定子」を使って表わします。

```
DATE_FORMAT('元になる日時','書式')
```

167

第6章　データ型・演算子・関数

表　書式を指定する「指定子」

対　象	指定子	説　明
年	%Y,%y	「%Y」は4桁、「%y」は2桁
月（数字）	%m, %c	「%m」は2桁（01～12）、「%c」は1桁～2桁（1～12）
月（月名）	%M,%b	「%M」は月名（January～December）、「%b」は簡略月名（Jan～Dec）
曜日	%W ,%w %a	「%W」は曜日名（Sunday～Saturday）、「%w」は曜日（0=Sunday～6=Saturday） %a は簡略曜日名（Sun～Sat）
日	%d, %e %D	「%d」は2桁（01～31）、「%e」は1桁～2桁（1～31） 「%D」は、英語のサフィックスをもつ日付（0th, 1st, 2nd, 3rd～）
時間	%r %T	「%r」は12時間表記（「hh:mm:ss」に「AM」または「PM」が続く） 「%T」は24時間表記（hh:mm:ss）
時	%H, %h, %I[1] %k, %l[2], %p	「%H」は24時間表記（00～23） 「%h」「%I」どちらも2桁の12時間表記（01～12） 「%k」は24時間表記（0～23）、「%l」は12時間表記（1～12）、「%p」はAM・PM表記
分	%i	2桁表記（00～59）
秒	%S, %s	「%S」「%s」どちらも2桁（00～59）で同じ
マイクロ秒	%f	マイクロ秒（000000～999999）
何週目か[3] （日曜始まり）	%U %V	「日曜始まり」として週をカウント（00～53）。年の最初の日曜よりも前の日付は、「%U」は00週目、「%V」は前年の週に組み込む形[4]で処理する
何週目か （月曜始まり）	%u %v	「月曜始まり」として週をカウント（00～53）。年の最初の月曜よりも前の日付は、「%u」は00週目、「%v」は前年の週に組み込む形で処理する
何年の （第何週か）	%X,%x	その週が何年の（第何週か）を表わす[5]。 「%X」は日曜始まり（「%V」とセット）、「%x」は月曜始まり（「%v」とセット）
何日か	%j	年間通算日（001～366）
％	%%	「%」文字自身[1]

1　大文字のI（アイ）

2　小文字のl（エル）

3　%U…WEEK() モード0、%u…WEEK() モード1、%V…WEEK() モード2、%v…WEEK() モード3

4　日曜はじまりにしても、月曜はじまりにしても、1月1日が始まりの曜日（日もしくは月）でなければ、それよりも前の週が存在してしまう。その週をどのように処理するかという問題。たとえば、1月3日が日曜日の場合、「%U」ならば、1日、2日は「00週」と見なす。「%V」ならば、前年最後の週に組み形（前年の52週など）とする。

5　「%U」や「%u」の場合はその年の中でカウントが完結するが、「%V」や「%v」の場合は、年をまたぐこともある。そのため、「何年の何週目」であるかを明確にする必要があり、「%X」や「%x」を使って、「何年の」の部分を取得する。たとえば、2019年1月1日であっても、「2018年の52週」となる。

[6-5]　集約関数（グループ関数）

■ その他の主な関数

そのほかの関数としては、次のものがあります。

分　類	主な関数	説　明
キャスト関数	CAST関数、CONVERT関数	「データ型」を変換する。
XML関数	ExtractValue関数、UpdateXML関数	「XMLデータ」を操作する。
暗号化関数と圧縮関数	COMPRESS関数、ENCRYPT関数、MD5関数、PASSWORD関数	データを「暗号化」したり、「ハッシュ値」と呼ばれる値を作成したりする。
情報関数	DATABASE関数、USER関数	データベースや接続している「ユーザーの情報」などを取得する。
空間分析関数	Ares関数、Centorid関数、ST_Overlaps関数	「座標」や「幾何学図形」の計算をする。

6-5　集約関数（グループ関数）

■ 集約関数（グループ関数）

「集約関数」では、「合計」や「平均」「最大」「最小」「データの個数」などを求められます。「GROUP BY句」[1]とセットで使います。

集約関数は、普通の関数と違ってレコード単位ではなく、列単位で集約[2]します。
引数には、いずれかの「列名」を指定し、その列について、テーブル内すべてのレコードを対象として計算します。

集約関数（列名）

集約関数は、「SELECT文」の列名などを記載する場所に記載できますが、「WHERE句」に記述することはできません。

集計後のデータを絞り込みたいときには、「HAVING句」を使います。
「HAVING句」は「GROUP BY句」の後ろに指定して、グループ化した後の値を、絞り込みます。

1　「GROUP BY」は省略できます。その場合は、すべてを選択したと見なされる。
2　「COUNT関数」だけは、例外的に列名として「*」を指定できる。

第6章　データ型・演算子・関数

集約関数	説　明
AVG()	平均値を取得する。
BIT_AND()	ビット単位の「And」を取得する。
BIT_OR()	ビット単位の「OR」を取得する。
BIT_XOR()	ビット単位の「XOR」を取得する。
COUNT()	行数を取得する。
COUNT(DISTINCT)	重複を省いた行数を取得する。
GROUP_CONCAT()	値を連結したものを取得する。
MAX()	最大値を取得する。
MIN()	最小値を取得する。
STD()、STDDEV()、STDDEV_POP()、VAR_POP()、VARIANCE()	母標準偏差を取得する。
STDDEV_SAMP()、VAR_SAMP()	標本標準偏差を取得する。
SUM()	合計を取得する。

巻末補足

[テーブルオプション]

```
テーブルオプション:
    [STORAGE] ENGINE [=] エンジン名  …………エンジンの指定
  | AUTO_INCREMENT [=] 値  …………オートナンバー
  | AVG_ROW_LENGTH [=] 値
  | [DEFAULT] CHARACTER SET [=] 文字コード名  …………デフォルトの
    文字コード
  | CHECKSUM [=] {0 | 1}
  | [DEFAULT] COLLATE [=] 照合順序  …………デフォルトの照合順序
  | COMMENT [=] '文字列'  …………コメントを記述する
  | CONNECTION [=] 'connect_string'
  | DATA DIRECTORY [=] 'absolute path to directory'
                              …………データの置き場所
  | DELAY_KEY_WRITE [=] {0 | 1}
  | ENCRYPTED [=] {YES | NO} …………暗号化するかどうか
  | ENCRYPTION_KEY_ID [=] 値 …………暗号化のキーのID
  | IETF_QUOTES [=] {YES | NO}
  | INDEX DIRECTORY [=] 'absolute path to directory'
                              …………インデックスの置き場所
  | INSERT_METHOD [=] { NO | FIRST | LAST }
  | KEY_BLOCK_SIZE [=] 値 …………キーのブロックサイズ
  | MAX_ROWS [=] 値
  | MIN_ROWS [=] 値
  | PACK_KEYS [=] {0 | 1 | DEFAULT}
  | PAGE_CHECKSUM [=] {0 | 1}
  | PAGE_COMPRESSED [=] {0 | 1}
  | PAGE_COMPRESSION_LEVEL [=] {0 .. 9}
  | PASSWORD [=] '文字列' …………パスワードを設定する
  | ROW_FORMAT [=] {DEFAULT|DYNAMIC|FIXED|COMPRESSED|REDUNDAN
    T|COMPACT|PAGE}
  | STATS_AUTO_RECALC [=] {DEFAULT|0|1}
  | STATS_PERSISTENT [=] {DEFAULT|0|1}
  | STATS_SAMPLE_PAGES [=] {DEFAULT|value}
  | TABLESPACE tablespace_name
  | TRANSACTIONAL [=]  {0 | 1}
  | UNION [=] (テーブル名 [,テーブル名]...)
  | WITH SYSTEM VERSIONING …………システムバージョニングを有効にする
```

171

巻末補足

[パーティションオプション]

```
パーティションオプション:
    PARTITION BY
        { [LINEAR] HASH(expr) | [LINEAR] KEY(column_list)
        | RANGE(expr) | LIST(expr)
        | SYSTEM_TIME [INTERVAL time_quantity time_unit]
 [LIMIT num] }
    [PARTITIONS num]
    [SUBPARTITION BY { [LINEAR] HASH(expr) | [LINEAR]
KEY(column_list) }
        [SUBPARTITIONS num]][(パーティション定義 [,パーティション定義]
 ...)]

パーティション定義:
    PARTITION パーティション名
        [VALUES {LESS THAN {(expr) | MAXVALUE} | IN (value_list)}]
        [[STORAGE] ENGINE [=] エンジン名]
        [COMMENT [=] 'コメント' ]
        [DATA DIRECTORY [=] 'data_dir']
        [INDEX DIRECTORY [=] 'index_dir']
        [MAX_ROWS [=] max_number_of_rows]
        [MIN_ROWS [=] min_number_of_rows]
        [TABLESPACE [=] tablespace_name]
        [NODEGROUP [=] node_group_id]
        [(サブパーティション定義 [,サブパーティション定義] ...)]

サブパーティション定義:
    SUBPARTITION logical_name
        [[STORAGE] ENGINE [=] engine_name]
        [COMMENT [=] 'comment_text' ]
        [DATA DIRECTORY [=] 'data_dir']
        [INDEX DIRECTORY [=] 'index_dir']
        [MAX_ROWS [=] max_number_of_rows]
        [MIN_ROWS [=] min_number_of_rows]
        [TABLESPACE [=] tablespace_name]
        [NODEGROUP [=] node_group_id]
```

索　引

五十音順

《あ行》

あ　アカウント名 ········· 90
　　値 ················· 42
　　アプリケーション・ロック ········· 80
　　アプリケーション期間テーブル ········· 89
い　一意制約 ················· 71
　　一貫性非ロック読み取り ········· 79
　　一般ユーザー ················· 23
　　イベント ················· 86
　　イベント・スケジューラー ········· 87
　　インストール ················· 30
　　インデックス ············· 48,71
　　インポート ················· 149
え　エクスポート ················· 149
　　エスケープ・シーケンス ······· 69,158
　　演算子 ················· 159
お　オートインクリメント ········· 49
　　オフセット ················· 62

《か行》

か　外部キー ················· 49
　　外部キー制約 ················· 72
　　外部結合 ················· 63
　　仮想列 ················· 83
　　カラム ················· 42
　　カラムクエリ ················· 65
　　関数 ················· 161
　　関数権限 ················· 93
き　キー分割 ················· 75
　　キー分布 ················· 148
　　行クエリ ················· 65
　　共有ロック ················· 79
く　グループ関数 ················· 170
　　グローバル権限 ················· 92
け　計算列 ················· 83
　　権限 ················· 92
こ　更新履歴 ················· 87
　　コンソール ················· 26

《さ行》

さ　サーバ ················· 22
　　差集合 ················· 62
　　サブクエリ ················· 64
　　参照制約 ················· 72
し　シーケンステーブル ········· 17
　　システム・バージョニング・テーブル ··· 16,87
　　システム変数 ················· 150

シャーディング ················· 15
集約関数 ················· 169
主キー ················· 49
主キー制約 ················· 71
照合順序 ················· 45
す　数値型 ············· 47,154
　　数値関数 ················· 161
　　スカラサブクエリ ········· 65
　　ストアド・アグリゲート・ファンクション ··· 86
　　ストアド・ファンクション ········· 85
　　ストアド・プロシージャ ········· 85
　　ストアド・ルーチン ········· 85,133
　　ストレージエンジン ········· 18
せ　生成列 ················· 83
　　制約 ················· 71
　　積集合 ················· 62
　　接続元ホスト名 ················· 90
　　占有ロック ················· 79

《た行》

た　ターミナル ················· 26
ち　チェック制約 ················· 72
て　データ型 ············· 47,154
　　データ操作言語 ········· 50,116
　　データ定義言語 ········· 50,96
　　データベース・エンジン ········· 16
　　データベース・サーバ ········· 22
　　データベース権限 ········· 92
　　データベースの変更 ········· 15
　　データベース領域 ········· 42,96
　　テーブル ················· 42,52
　　テーブル・ロック ········· 80
　　テーブルクエリ ················· 65
　　テーブル権限 ················· 93
　　テーブルスキーマ ················· 107
　　テーブル定義 ················· 107
　　デフォルト値 ················· 49
と　特権 ················· 91
　　トランザクション ········· 77,129
　　トランザクション分離レベル ········· 78
　　トリガー ················· 50,86,135

《な行》

な　内部結合 ················· 63
に　認証オプション ················· 139
　　ノーム ················· 26
　　ノンリピータブル・リード ········· 78

173

索引

《は行》

は	バージョニング分割	75
	パーティション	74
	排他ロック	79
	バイテンポラル・テーブル	89
	バキューム	16
	ハッシュ分割	75
	バリュー	42
ひ	日付関数	165
	日付と時刻型	155
	非表示設定	82
	ビュー	81,127
ふ	ファジー・リード	78
	プリペアード・ステートメント	84,132
	プロキシ権限	93
	プロシージャ権限	93
	プロンプト	28
	分散	15

《ま行》

み	ミカエル・ウィデニウス	8
め	命名規則	68
	命令	50
も	文字コード	45
	文字列型	156
	文字列関数	163

《や行》

ゆ	ユーザー定義関数	83
	ユーザー名	91
よ	予約語	68

《ら行》

り	リスト分割	75
	リソースオプション	140
	リポジトリ	32
	リレーショナルデータベース管理システム	8,42
れ	レコード	42,116
	列権限	93
	レンジ分割	75
ろ	ロウ	42
	ロール	91
	ロック	77,131

《わ行》

わ	和集合	62

アルファベット順

《A》

ALTER TABLE構文	71
ALGORITHM	115
ALTER DATABASE	98
ALTER TABLE	110
ANALYZE TABLE	148
Aria	18

《B》

B tree	74
B木	74

《C》

CHECK TABLE	148
console	26
CONSTRAINT	115
CREATE INDEX	73
CREATE ROLE	141
CREATE TABLE	71,102

《D》

DDL	15,50
DELETE	59,116
DESCRIBE	108,147
DISTINCT	61
DML	50,116
DROP DATABASE	98
DROP INDEX	73
DROP TABLE	105

《E》

Event Scheduler	87
EXCEPT	62
EXISTS	65
EXPLAIN	147

《F》

FLUSH	151
FROM句	82
FULLTEXT	74

《G》

Generated Columns	83
GNOME	26
GRANT	143

《H》

HASH分割	75

索　引

《I》

INDEX	74,124
INNER JOIN	63
InnoDB	18
INSERT	56,116
INTERSECT	62
INVISIBLE属性	82

《J》

JSON	17

《L》

LIMIT	62
Linuxディストリビューション	10
LOAD DATA	57,149
LOCK	131

《M》

MariaDB	8
MariaDBコネクタ	19
MaxScale	19
MyISAM	18
MySQL	8
mysqldump	19

《N》

NOWAIT	81
NULL	48

《O》

Offset	62
Oracleモード	17,71
ORDER BY	61
OUTER JOIN	63

《P》

PERSISTENT型	83
phpMyAdmin	27
PostgreSQL	15
PREPARED STATEMENT	84,132
Primary Key	74
Privilege	92
prompt	28
Putty	27

《R》

RDBMS	8
REVOKE	145
rootユーザー	23

《S》

SELECT	59,116
SET	150
SET ROLE	141
SHOW COLUMS	108
SHOW DATABASE	99
SHOW TABLES	109
SHOW VARIABLES	151
SPATIAL	74
SQL	96
SSH	27
Stored Aggregate Functions	86
Stored Function	85
Stored Procedure	85
STORED ROUTINES	85,133
STORED型	83

《T》

TeraTern	27
terminal	26
TLSオプション	139
TRANSACTION	129
Trigger	86,135
TRUNCATE TABLE	116

《U》

UDF	83
UNION結合	62
UNIQUE	74
UPDATE	58,116
USAGE権限	93
USE	100
utf8mb4	35

《V》

VALUES	56
VIEW	81,127
VIRTUAL型	83
viエディタ	33

《W》

WAIT	81
WHERE	58

《X》

X Window	26
XtraDB	18

[著者略歴]

小笠原　種高（おがさわら・しげたか）

テクニカルライター、イラストレーター。
システム開発のかたわら、雑誌や書籍などで、データベースやサーバ、
マネジメントについて執筆。図を多く用いた易しい解説に定評がある。
綿入れ半纏愛好家。最近は、タマカイと豹が気になる。

[Web] モウフカブール

http://www.mofukabur.com

[主な著書・ウェブ記事]
「なぜ？がわかるデータベース」　　　　　　　　　　　　（翔泳社）

「これからはじめる MySQL入門」
「ゼロからわかる Linux Webサーバー超入門」　　　　（技術評論社）

「よくわかる最新スマートフォン技術の基本と仕組み」
「情報セキュリティマネジメント」　　　　　　　　　　　（秀和システム）

「ミニプロジェクトこそ管理せよ！」　　　　（日経 xTECH Active他）

「256（ニャゴロー）将軍と学ぶWebサーバ」　　　　　　（工学社）

他多数

[執筆協力]

大澤文孝、浅居尚、桐島メグザネ

本書の内容に関するご質問は、
① 返信用の切手を同封した手紙
② 往復はがき
③ FAX (03) 5269-6031
　（返信先の FAX 番号を明記してください）
④ E-mail　editors@kohgakusha.co.jp
のいずれかで、工学社編集部あてにお願いします。
なお、電話によるお問い合わせはご遠慮ください。

サポートページは下記にあります。

[工学社サイト]
http://www.kohgakusha.co.jp/

I/O BOOKS

MariaDBガイドブック

2019 年 9 月 30 日　初版発行　ⓒ 2019	著　者　　小笠原　種高
	発行人　　星　正明
	発行所　　株式会社 **工学社**
	〒160-0004 東京都新宿区四谷 4-28-20 2F
	電話　　　（03）5269-2041（代）[営業]
	（03）5269-6041（代）[編集]
※定価はカバーに表示してあります。	振替口座　　00150-6-22510

印刷：図書印刷（株）　　　　　　　　　　　　　　　ISBN978-4-7775-2090-9